dtv

Sein Name ist Derrick. Stefan Derrick. Gibt es etwas Deutscheres als diesen Kommissar, die vollkommene Verkörperung von Durchschnittlichkeit und Phlegma? Und doch hat er große internationale Karriere gemacht, die kein Kulturkritiker jemals für möglich gehalten hätte. Wer sonst als Umberto Eco wäre imstande, uns solch ein Medien-Phänomen so brillant zu erklären? In diesem neuen Band seiner berühmten Streichholzbriefe, die jede Woche auf der letzten Seite des römischen Nachrichtenmagazins ›L'Espresso‹ erscheinen, untersucht der glänzende Polemiker unter anderem den Wahn der Meinungsumfragen, die Angst vor der Übermacht des Computers oder die Grundzüge der Stadtpsychologie Dresdens. Und er klärt den Leser darüber auf, in welchem Sinne Fußball eine sexuelle Perversion darstellt. Ecos ironische und intelligente Glossen zum Stand der Dinge im medialen Zeitalter sind Beobachtungen eines Zeitgenossen, der seine witzigsten und überraschendsten Gedankensprünge gerade dort macht, wo man sie am allerwenigsten erwartet hat.

Umberto Eco, 1932 in Alessandria (Piemont) geboren, lebt in Mailand und unterrichtet seit 1971 Semiotik an der Universität Bologna. Neben seinen großen Romanen verfaßte er zahlreiche Schriften zur Theorie und Praxis der Zeichen, der Literatur, der Kunst und nicht zuletzt der Ästhetik des Mittelalters.

Umberto Eco

Derrick oder die Leidenschaft für das Mittelmaß

Neue Streichholzbriefe

Ausgewählt, eingerichtet und aus dem
Italienischen übersetzt von
Burkhart Kroeber

Deutscher Taschenbuch Verlag

Ungekürzte Ausgabe
Juli 2002
Deutscher Taschenbuch Verlag GmbH & Co. KG,
München
www.dtv.de

Die Texte dieses Buches sind eine Auswahl
aus dem 2000 bei Bompiani erschienenen
Band ›La Bustina di Minerva‹
Die Verwendung des geschützten Namens »Derrick«
erfolgt mit freundlicher Genehmigung
des ZDF/ZDF-Enterprises

Umschlagkonzept: Balk & Brumshagen
Umschlagbild: © Tullio Pericoli
Satz: Fotosatz Reinhard Amann, Aichstetten
Druck und Bindung: Druckerei C. H. Beck, Nördlingen
Gedruckt auf säurefreiem, chlorfrei gebleichtem Papier
Printed in Germany · ISBN 3-423-12988-3

Einleitung

Die Kolumne *La Bustina di Minerva* erscheint seit März 1985 auf der letzten Seite des Römischen Nachrichtenmagazins *L'Espresso*, bis März 1998 wöchentlich, seitdem vierzehntäglich.* Eine Auswahl aus den ersten sieben Jahren, vorwiegend Texte, die sich als Satiren auf die Sitten und Gebräuche unseres Alltagslebens charakterisieren lassen, habe ich 1992 in dem Band *Il secondo Diario Minimo* zusammengestellt (deutsch *Wie man mit einem Lachs verreist und andere nützliche Ratschläge*, Hanser 1993), aber einige der damals ausgeschiedenen kamen mir noch verwendbar vor. Kurzum, als ich einen Band mit repräsentativen Texten der neunziger Jahre machen wollte, sah ich mich vor der Aufgabe, eine Auswahl aus fast fünfhundert *Bustine di Minerva* zu treffen. Es versteht sich von selbst, daß ich ungefähr zwei Drittel weglassen mußte.

Vor allem habe ich viele von denen ausgeschieden, die so eng mit einem nur angedeuteten aktuellen Ereignis verbunden waren, daß ich beim Wiederlesen nach einigen Jahren selber nicht mehr recht wußte, was gemeint war. Das hat mich vielleicht dazu gebracht, Beiträge zu sehr wichtigen Themen nicht zu berücksichtigen, aber wenn die Themen wirklich wichtig waren, habe ich sie andernorts wieder aufgenommen und ausführlicher behandelt,

* In deutscher Übersetzung ist eine erste Auswahl unter dem Titel »Streichholzbriefe« von April 1986 bis April 1987 und von September 1987 bis März 1988 in der Wochenzeitung *Die Zeit* erschienen, sodann eine zweite, sehr viel kleinere (10 Texte) von Juni bis August 1996 im *Zeit-Magazin*.

zum Beispiel in *Vier moralische Schriften* (Hanser 1998). In zwei Fällen habe ich mich entschlossen, Artikel mit aufzunehmen, die für das Format der *Bustina* zu umfangreich waren und anderswo veröffentlicht worden sind. Das erklärt, wieso die vorliegende Sammlung einen Artikel zum Fall Sofri enthält, der 1997 in der Zeitschrift *Micromega* erschienen ist, und einen weiteren, den ich während des Kosovo-Krieges für die Zeitung *La Repubblica* geschrieben habe.

Desgleichen mußte ich leider auch viele Texte ausschließen, die ich aus Anlaß des Todes von Freunden oder Lehrern geschrieben hatte. Es waren zu viele im Laufe eines Jahrzehnts, aus dem einfachen Grund, daß alle Menschen sterblich sind. Ich tröste mich damit, daß andere an diese Personen erinnern werden, ausführlich und unabhängig von meinen emotionalen Nachrufen.

Viele Texte habe ich weggelassen, weil sie mir repetitiv erschienen, in dem Sinne, daß ich im Laufe der Jahre mehrmals auf dasselbe Thema zurückgekommen bin. Zwei- oder dreimal habe ich zwei *Bustine*, die dasselbe Thema unter verschiedenen Blickwinkeln behandelten, zu einer verschmolzen. Aber ich habe auch einige Wiederholungen stehengelassen, da in manchen Fällen das Zurückkommen auf ein schon behandeltes Thema ja heißt, daß bestimmte Phänomene oder Polemiken mit beharrlicher Monotonie in den italienischen Medien wiedergekehrt sind. In solchen Fällen bezeugt die Wiederholung einen Wiederholungszwang, den nicht ich, sondern die Gesellschaft hatte. Um ein Beispiel zu geben: Wenn in jedem Herbst von neuem eine Diskussion um die Zukunft des Buches einsetzt, fühlt man sich jedesmal wieder verpflichtet, die Gemüter zu beruhigen, da sie sich nicht von allein angesichts des Offenkundigen wieder abregen.

Da und dort habe ich stilistische Korrekturen vorgenommen, denn die *Bustina* war eine wöchentliche Kolumne, und die Eile führt zu zahllosen Unsauberkeiten. Ich habe Anfänge, Einschübe und Schlußsätze weggelassen, deren Notwendigkeit ich beim Wiederlesen nicht einsah, und manchmal habe ich statt dessen kurze Erklärungen eingefügt. Der Grund ist: die *Bustine* haben einen vorgeschriebenen Umfang, da sie die letzte Seite des Magazins füllen müssen; wenn sie zu lang sind, muß ich sie kürzen, wenn sie zu kurz sind, muß ich irgend etwas hinzufügen. Das sind die Bedingungen journalistischen Schreibens. Ich muß jedoch sagen, das Schreiben solcher Texte war für mich eine grundlegende Erfahrung: Sich darin zu üben, in einer vorgegebenen Länge auszudrücken, was man denkt, ist etwas, das ich jedem empfehlen kann.

Man wird sehen, daß viele Texte keinen Bezug zu aktuellen Geschehnissen haben. Vielleicht ist es nützlich, hier zu wiederholen, was ich in der allerersten *Bustina* ausgeführt hatte. Der Titel »Bustina di Minerva« bezieht sich auf jene kleinen Streichholzhefte, die von der Firma Minerva hergestellt werden, und auf die Tatsache, daß man sich auf der Innenseite des Deckels oft Adressen oder Telefonnummern notiert, Einkaufslisten anlegt oder auch (wie ich) eben festhält, was einem gerade durch den Kopf geht, während man im Zug unterwegs ist, in der Bar oder im Restaurant sitzt, Zeitung liest, ein Schaufenster betrachtet, in den Regalen einer Buchhandlung stöbert. Daher hatte ich von Anfang an festgelegt, daß ich, falls es mir eines Abends aus ganz persönlichen Gründen einfallen sollte, über Homer nachzudenken, darüber schreiben würde, auch wenn Homer nicht gerade die Titelseiten der Zeitungen füllt. Wie man sieht, habe ich es oft so gehalten, mit oder ohne Homer.

Ein weiteres Kriterium, das ich beim Schreiben der *Bustine* stets befolgt habe, war, daß es keinen Sinn hat, einen Artikel zu schreiben, um etwas anzuprangern, was jedermann als verwerflich betrachtet. Zu schreiben, daß es böse ist, die eigene Mutter zu töten, wäre bloß eine reichlich demagogische Zurschaustellung edler Gefühle. Allenfalls wäre ein Artikel fällig, wenn viele der Meinung sind, daß es gut sei, diejenigen zu töten, und zwar mit allen Insignien des Staates, die ihre Mutter umgebracht haben. Ich habe keine *Bustine* gegen den sexuellen Mißbrauch Minderjähriger geschrieben oder gegen das Steinewerfen von Brücken, auch weil ich voraussah, daß solchen schlimmen Dingen, wenn sie geschehen, genügend Platz in derselben Nummer gewidmet sein würde. Als es jedoch in mehreren Ländern zu Protestmärschen gegen Sex mit Kindern und Kinderpornographie kam, schien es mir sinnvoll, die Einzigartigkeit dieses Phänomens zu kommentieren.

Man wird sehen, daß die *Bustine*, auch wenn sie heiter sind, fast immer auf etwas reagieren, was mich geärgert hat. Sie handeln nur selten von dem, was mich freut, und viel öfter von dem, was mir nicht gefällt. Aber es gibt so vieles, worüber wir uns empören müßten, daß mir jetzt sofort jemand vorwerfen wird, ich hätte über vieles geschwiegen, was andere zu Recht angeprangert haben. Ich bitte um Entschuldigung, da habe ich wohl im Moment nicht aufgepaßt.

Mailand, 5. Januar 2000

I

Die dunkle Seite der Galaxie

Zwischen Rassismus, Krieg und *Political Correctness*

Migrationen

Letzten Dienstag, als alle Zeitungen lange Artikel über die jüngsten Rassenunruhen in Florenz brachten, erschien in der *Repubblica* eine Karikatur: zwei Silhouetten, ein riesiges bedrohliches Afrika und ein winziges Italien; daneben ein Florenz, so klein, daß es nicht mal durch einen Punkt darstellbar war, und darunter die Zeile: »Wo sie mehr Polizei haben wollen.« Im *Corriere della sera* wurde die Geschichte der klimatischen Veränderungen auf unserem Planeten von 4000 v. Chr. bis heute resümiert. Woraus hervorging, daß jeweils die Fruchtbarkeit oder die Versteppung eines Kontinents riesige Völkerwanderungen bewirkt, die das Gesicht des Planeten verändert und jene Kulturen geschaffen haben, die wir heute entweder durch direkte Erfahrung oder durch historische Rekonstruktionen kennen.

Heute, angesichts des Problems der sogenannten *extracomunitari* (soll heißen der Zuwanderer aus Ländern außerhalb der EU – ein hübscher Euphemismus, der auch die schweizerischen und texanischen Touristen mit umfassen müßte), angesichts eines Problems, das alle europäischen Nationen betrifft, argumentieren wir immer noch so, als hätten wir es mit einem Fall von Einwanderung zu tun. Einwanderung liegt vor, wenn einige hunderttausend Bürger eines übervölkerten Landes sich aufmachen, in einem anderen Land zu leben (zum Beispiel die Italiener in Australien). Und es versteht sich von selbst, daß in solch einem Fall das Gastland den Zustrom entsprechend seiner Aufnahmekapazität regulieren muß, so wie es selbstverständlich auch das Recht hat, diejenigen Immigranten festzunehmen oder auszuweisen, die gegen Gesetze verstoßen – und wie es umgekehrt auch die Pflicht hat, bei Gesetzesverstößen sowohl die eigenen Bürger wie auch die devisenbringenden reichen Touristen festzunehmen.

Aber heute haben wir es in Europa nicht mit einem Fall von Einwanderung zu tun. Wir haben es mit einer Völkerwanderung zu tun. Zwar hat sie nicht den gewaltsamen, alles niederreißenden Charakter des Einfalls der germanischen Völker nach Italien, Frankreich und Spanien am Ende des Römischen Reiches, nicht die Heftigkeit der arabischen Expansion zu Beginn des Islams, auch nicht die Langsamkeit jener unklaren Ströme, die nebulöse Völker aus Asien über inzwischen versunkene Landbrücken nach Ozeanien und vielleicht nach Amerika gebracht haben. Doch sie ist ein weiteres Kapitel in der Geschichte des Planeten, der die Kulturen seit jeher im Gefolge großer Migrationsströme entstehen und vergehen sah, wobei diese Ströme zuerst von Westen nach Osten gingen (aber darüber wissen wir nur sehr wenig) und dann von Osten nach Westen, angefangen mit einer tausendjährigen Wanderung von den Quellen des Indus bis zu den Säulen des Herkules und von dort vier Jahrhunderte lang weiter bis nach Kalifornien und Feuerland.

Heute erfolgt die Wanderung – unmerklich, da sie in Form einer Flugreise und eines Aufenthalts im kommunalen Ausländeramt oder als nächtliche Bootslandung an der Küste daherkommt – aus einem zunehmend versteppenden und verhungernden Süden in den Norden. Sie erscheint als Einwanderung, ist aber eine Völkerwanderung, ein historisches Ereignis von unabschätzbarer Tragweite, sie erfolgt nicht durch hereinbrechende Horden, die kein Gras mehr wachsen lassen, wo ihre Pferde hintreten, sondern durch diskrete, unterwürfige Grüppchen, und trotzdem wird sie nicht Jahrhunderte oder Jahrtausende brauchen, sondern bloß ein paar Jahrzehnte. Und wie bei allen großen Wanderungen wird das Ergebnis eine neue ethnische Mischung in den Zielländern sein, ein unerbittlicher Wandel der Sitten und Bräuche, eine unaufhaltsame Verschmelzung, die in statistisch meßbarer Weise die Haut-, Haar- und Augenfarbe der Bevölkerung ändern wird, so wie einst in Sizilien eine nicht sehr große Zahl von Normannen einen blonden und blauäugigen Menschenschlag hinterlassen hat.

Große Völkerwanderungen werden, zumindest in historischer Zeit, seit jeher gefürchtet. Anfangs sucht man sie zu vermeiden, die römischen Kaiser lassen Zäune und Wälle errichten, schicken ihre Legionen vor, um die herannahenden Eindringlinge zu unterwerfen; dann schließt man Verträge und versucht, die ersten Niederlassungen zu disziplinieren, dann wird das römische Bürgerrecht auf alle Untertanen des Reiches ausgedehnt, aber am Ende bilden sich auf den Ruinen des Römertums die sogenannten römisch-barbarischen Reiche, das heißt die Keimzellen unserer heutigen europäischen Länder, unserer Sprachen, unserer politischen und sozialen Institutionen. Wenn wir an den Autobahnen rings um Mailand auf Ortsnamen wie Usmate, Biandrate und Agonate stoßen, dann haben wir es mit langobardischen Namensformen zu tun. Und woher kommt wohl übrigens jenes etruskische Lächeln, das wir noch heute auf vielen Gesichtern in Mittelitalien finden?

Die großen Wanderungen hören nicht auf. Was sich da vor unseren Augen abzeichnet, ist einfach eine neue Phase der afro-europäischen Kultur.

1990

Krieg, Gewalt und Gerechtigkeit

Gibt es einen gerechten Krieg? Über dieser Streitfrage, die seit zwei Wochen die Gemüter erhitzt, liegt der Schatten eines Mißverständnisses; es ist, als diskutierte man darüber, ob zwei parallele Geraden schwerer sind als eine Quadratwurzel. Ich versuche zu begreifen, was an der Frage nicht funktioniert, und stelle sie anders: Angenommen, Gewalt ist grundsätzlich böse, gibt es dann Fälle, in denen eine gewaltsame Reaktion zu rechtfertigen ist? Man beachte, daß zu rechtfertigen nicht gerecht und gut heißt. Es liegt etwas biologisch Ungerechtes darin, jemandem ein Bein abzuschneiden, aber im Falle von Krebs läßt es sich rechtfertigen.

Auch die Verfechter der Gewaltlosigkeit anerkennen, daß es zu rechtfertigende Arten von Gewalt gibt; selbst Jesus hat auf das Ärgernis der Händler im Tempel ziemlich brüsk reagiert. Nicht nur die Offenbarungsreligionen, auch die natürliche Moral sagt uns, wenn jemand uns oder unsere Lieben oder irgendeine unschuldige und wehrlose Person angreift, ist es nur natürlich, mit Gewalt zu regieren, bis die Gefahr beseitigt ist. Wenn man die Resistenza, also den bewaffneten Partisanenkampf gegen die Nazifaschisten, als Musterfall einer »gerechten Gewalt« hinstellt, will man damit sagen, daß angesichts des Druckes, der durch die Gewalt anderer ausgeübt wird, angesichts einer unerträglichen Tyrannei die Rebellion eines Volkes gerechtfertigt ist. Um keinen Raum für Zweifel zu lassen: Es ist gerechtfertigt, wenn die internationale Gemeinschaft auf die Aggressivität eines Diktators mit Gewalt reagiert.

Das Problem entsteht angesichts des Wortes »Krieg«. Mit ihm verhält es sich wie mit dem Wort »Atom«: Die griechische Philosophie benutzte es, und die zeitgenössische Physik benutzt es ebenfalls, aber es hat zwei verschiedene Bedeutungen: einst bezeichnete »Atom« eine unteilbare Korpuskel, und heute bezeichnet es ein Ensemble von Teilchen. Wer Demokrit in Begriffen der Atomphysik lesen wollte, oder umgekehrt, würde nichts verstehen. Ganz ähnlich steht es mit dem Wort »Krieg«: Außer der Tatsache, daß in beiden Fällen Menschen gestorben sind, gibt es wenig Gemeinsames zwischen den Punischen Kriegen und dem Zweiten Weltkrieg. Und gegen die Mitte unseres Jahrhunderts hat sich ein Phänomen »Krieg« abgezeichnet, das hinsichtlich seiner territorialen Ausdehnung, seiner Ergebnisse, seiner Kontrollmöglichkeiten und seiner Auswirkungen auf die Menschen in anderen Teilen der Erde wenig mit den napoleonischen Kriegen gemein hat. Kurz gesagt, wenn in der Vergangenheit die zu rechtfertigende Gewaltreaktion auf einen Aggressor die Form des offenen Schießkrieges annehmen konnte, so kann es heute sein, daß der offene Schießkrieg eine Form von Gewalt ist, die nicht dazu dient, den Aggressor einzudämmen, sondern ihm sogar nützt.

In den letzten fünfundvierzig Jahren haben wir eine andere Form der gewaltsamen Eindämmung des vermeintlichen Aggressors erlebt (ich drücke mich so vorsichtig aus, weil ich denke, daß meine Argumentation sowohl für die USA wie für die UdSSR akzeptabel ist), nämlich den Kalten Krieg. So schrecklich, so böse, so voll von angedrohter und partiell auch ausgeübter Gewalt er war, ging er doch von der Einsicht aus, daß ein heißer Krieg keinerlei Vorteil für die »Guten« bringen würde. Der Kalte Krieg war das erste Beispiel dafür, wie die Welt sich bewußt machte, daß der Begriff und die Realität des Krieges sich verändert hatten und daß ein moderner Krieg nichts mehr mit jenen klassischen Konflikten zu tun hat, bei denen es am Ende auf der einen Seite Sieger und auf der anderen Besiegte gab (abgesehen von Grenzfällen wie den Pyrrhussiegen). Hätte man mich vor einem Monat gefragt, welche Form von gerechtfertigter Gewaltreaktion den heißen Schießkrieg gegen Saddam ersetzen könnte, so hätte ich geantwortet: eine sehr ernsthafte *kalte* Eindämmung, also ein strenges Embargo, konsequent und gnadenlos durchgeführt, auch mit Grenzscharmützeln, und ein Kontrollsystem (mit Notstandsgesetzen), durch das jeder westliche Industrielle, der Saddam auch nur einen Zeichenstift verkauft, im Gefängnis landet. Nach einem Jahr wären seine Angriffs- und Verteidigungswaffen weitgehend unbrauchbar geworden. Aber das ist die Weisheit des Hinterher.

Die Weisheit, die immer und morgen gilt, sagt uns: Wenn dich einer mit einem Messer angreift, hast du das Recht, zumindest mit einer Faust zu antworten; aber wenn du Supermann bist und weißt, daß du den Gegner mit einem Faustschlag auf den Mond befördern kannst, daß der Schock unseren Planeten zerbröckeln läßt und das Gravitationssystem durcheinanderbringt, so daß Mars mit Merkur kollidiert und so weiter, dann überleg dir's lieber einen Moment – auch weil es ja sein könnte, daß die Gravitationskatastrophe genau das ist, was dein Gegner wollte. Und was du ihm gerade nicht gewähren solltest.

1991

Exil, Rushdie und das globale Dorf

Ich weiß nicht, ob es eine Sozialgeschichte des Verfolgten gibt. Nicht der Verfolgung und der Intoleranz (die gibt es), sondern der sozialen Rolle und Lebensweise, die dem Verfolgten beschieden ist, nicht wenn er unter den Schlägen seines Verfolgers stirbt, sondern wenn er seinem Verfolger heil entkommt, indem er ins Exil geht.

In früheren Jahrhunderten waren die Exilgeschichten in der Regel höchst schmerzlich und demütigend. Selbst Dante, der ja alles in allem noch Glück gehabt hatte, fand das Brot in der Fremde salzig. Personen wie Giordano Bruno hatten zwar, bevor sie vom Feind gefaßt und ausgeschaltet wurden, auf fremdem Boden große Ehren empfangen, aber sie fanden immer jemanden, der sie zu diffamieren und in Fallen zu locken versuchte. Und sprechen wir nicht von Mazzini, der, schon von sich aus hohlwangig, im Exil immer noch dürrer und bleicher wurde.

Erst in unserem Jahrhundert hatte es angefangen, den ins Exil Getriebenen etwas besser zu gehen. Einerseits verband sich mit dem Exilanten die gleiche Außenseiter-Faszination wie mit dem *poète maudit* und dem lasterhaften Ästheten – soziale Kategorien, die, im vorigen Jahrhundert noch übel behandelt, zum Leben in Dachkammern und zur Schwindsucht verdammt, in unserem Jahrhundert zu gesuchten Repräsentationsfiguren aufstiegen, um die sich die guten Familien und die Kulturinstitutionen rissen, die zum Abendessen, zu Bootsfahrten und zu Kongressen über die Regeln der Transgression eingeladen wurden. Überdies trieb die Entwicklung von demokratischen Gefühlen alle dazu, den Exilianten wohlwollend aufzunehmen, zu unterstützen und zu privilegieren, galt er doch als das lebende Symbol des Widerstands gegen Despotismus. So kam es, daß die Lage des religiös oder politisch Verfolgten alles in allem (Anfälle von Heimweh nach dem fernen Vaterland beiseite) wenn nicht angenehm, so doch erträglich wurde – und für einige so vorteilhaft, daß sie sich als Verfolgte ausgaben, auch wenn sie es gar nicht waren, um zumindest, was weiß ich, ein Gehalt bei irgendeinem Geheimdienst zu beziehen.

Es muß mit den russischen Großherzögen begonnen haben, die vor der Oktoberrevolution geflohen waren und sich womöglich als Eintänzer in Pariser Nachtklubs verdingten, aber in den besten Kreisen verkehrten und von den Damen, die ihre Empfänge nobilitieren wollten, sehr verhätschelt wurden. Ich spreche nicht von den Exilkubanern in Miami, die geradezu im Speck sitzen, aber man braucht sich bloß zu erinnern, wie schick es in den letzten Jahrzehnten war, auf Parties einen politischen Flüchtling zu präsentieren, erst einen tschechischen, dann einen chilenischen, dann einen argentinischen, oder auch einen Samisdat-Autor und so weiter, je nach den Zeitläuften, den Begeisterungen (und den Vergeßlichkeiten), skandiert von den diversen Staatsstreichen, Revolutionen und Paradigmenwechseln.

Das alles ist mit dem Fall Rushdie vorbei. Der Fall Rushdie zeigt, daß mit der Macht der Massenmedien, ein Todesurteil hochzuspielen und über den ganzen Globus zu verbreiten, auf diesem Globus kein Platz mehr für das Exil ist. Die Sache ist neu. Es handelt sich nicht um eine Rückkehr von der Möglichkeit eines vergoldeten Exils, wie sie typisch für unser Jahrhundert war, zu der eines qualvollen Exils, wie sie typisch für die früheren Jahrhunderte war. Nein, es gibt ganz einfach kein Exilland mehr. Wohin man auch flieht, man ist immer in Feindesland.

Wenn das Beispiel nicht zu banal erscheint: So wie es keine vergessene und zu entdeckende Insel mehr gibt, auf der man ungestört von Touristenhorden Ferien machen kann, da auch auf dem entlegensten Atoll noch die lärmenden Mitglieder eines per Charter eingeflogenen Kegelklubs zu finden sind – so ist, und das nicht mehr mit komischen, sondern mit tragischen Resultaten, jeder Winkel dieses Planeten bereits von deinem potentiellen Mörder besetzt, der auf dich wartet. Und den Befehl, dich umzubringen, erhält er per Mobiltelefon. Oder als kodifizierte, scheinbar harmlose Nachricht, die im Laufe einer Quizsendung im Fernsehen übermittelt wird.

Was einmal ein witziger Spruch war – »Haltet die Welt an, ich will aussteigen!« –, wird heute mehr denn je zu einem verzweifelten Hilferuf, der nirgendwo mehr Gehör finden kann. Hier haben wir wirklich das, was McLuhan das globale Dorf genannt hat. Aber global ist es nicht so sehr für den Benutzer der elektronischen Kommunikationsmittel, der entdeckt, daß er dasselbe liebt und will, was nicht-seinesgleichen Tausende und Abertausende Kilometer entfernt von ihm lieben und wollen, denn in dieser Einförmigkeit können sehr viele eher einen Grund zur Zufriedenheit und inneren Frieden finden. Es ist nicht global, weil es uns die Illusion erlaubt, daß jedermann unser Nächster sei, sondern es ist global, weil überall auf dem Globus das Gesicht des Feindes hervorlugen kann, der nicht dein Nächster ist, der nicht will, was du willst, und der auch nicht bereit ist, sich mit der anderen Wange zu begnügen, denn er will dich direkt ins Herz treffen.

Und man kann auch nicht aussteigen, denn es gibt unterwegs keine Haltestellen. Das Dorf des annullierten

Exils ist global, weil du gar nicht mehr versuchen kannst, den Verfolger abzuschütteln, indem du verzweifelt geradeaus vor ihm davonläufst. Rasch informiert, wird ein anderer sofort bereit sein, das Ruder herumzuwerfen, um dir entgegenzueilen.

1992

Was kostet der Zusammenbruch eines Imperiums?

In diesen traurigen Tagen, in denen wir lesen, was für Scheußlichkeiten auf dem Balkan begangen werden, kommt mir ein Gespräch in den Sinn, das ich kurz nach dem Fall der Berliner Mauer mit Jacques Le Goff gehabt hatte. Man spürte schon, daß das Sowjetreich zu bröckeln begann, auch wenn schwer vorauszusehen war, daß alles so schnell gehen würde, vielleicht wegen des dummen Putsches im letzten August.

Le Goff hatte gerade begonnen, für eine Buchreihe über die Geschichte Europas, die in vier oder fünf europäischen Verlagen gleichzeitig erscheinen sollte, die Themen zu verteilen und die Mitarbeiter auszuwählen, und in dem Zusammenhang hatte ich angeregt, ein Buch über die Kosten des Zusammenbruchs von Imperien schreiben zu lassen. Ich glaube, er hat es in Auftrag gegeben, ich weiß nicht, bei wem, aber damals ging es darum, zu begreifen, wieviel die Zusammenbrüche der früheren Weltreiche gekostet hatten, um daraus irgendwie extrapolieren zu können, welche Kosten beim Fall des sowjetischen Reiches zu erwarten waren.

Ein Reich ist immer auf Zwang gegründet und autokratisch; es ist wie ein Deckel auf einem Dampfkessel. Irgendwann wird der innere Druck zu groß, der Deckel springt auf, und es gibt eine Art Vulkanausbruch. Ich sage keineswegs, daß es gut wäre, wenn der Deckel nicht aufspränge, auch weil er gewöhnlich aus thermischen Gründen aufspringt, und die Physik ist weder moralisch noch unmoralisch. Ich sage nur, daß, solange er nicht aufspringt, eine gewisse Ordnung erhalten bleibt, so bedrückend diese auch immer sein mag, und daß man, wenn er aufspringt, einen Preis zahlen muß.

Der Zerfall des Römischen Reiches hat zu einer Krise Europas geführt, die in ihrer virulenten Form mindestens sechs Jahrhunderte tobte. Tatsächlich pflanzte sich eine Reihe von Langzeitwirkungen noch in die folgenden Jahrhunderte fort, und vielleicht ist das, was heute auf dem Balkan geschieht – östliche Orthodoxie gegen westliche Katholiken –, noch eine Spätfolge. Wenn heute in Kolumbien und Peru geschieht, was dort geschieht, und wenn Lateinamerika vor den Vereinigten Staaten in die Knie geht, ist das noch eine Konsequenz der langsamen Zersetzung des spanischen Kolonialreichs. Sprechen wir nicht von der ebenso langsamen Auflösung des Osmanischen Reiches, die Kosten dafür werden noch heute im Vorderen Orient abbezahlt. Ich erkühne mich nicht, die Kosten für den Zerfall des britischen Kolonialreichs zu veranschlagen, aber zweifellos war die Vereinigung Italiens eine Folge des Zusammenbruchs des sehr kurzlebigen napoleonischen Imperiums.

Aus dem Aufspringen des Deckels von dem wunderbaren Dampfkessel Österreich-Ungarn entstanden zumindest der Nazismus, der Zweite Weltkrieg und erneut die Lage auf dem Balkan (aber dort summiert sich die Geschichte des Falles von mindestens fünf Imperien: des römischen, des byzantinischen, des osmanischen, des kakanischen und des sowjetischen).

Kurzum, wenn ein Reich zusammenbricht, dauern die Folgen Jahrhunderte. Nach dem Verschwinden des Sowjetimperiums braucht man die wichtigsten Folgen nicht lange zu suchen: die zänkische (wenn auch verständliche)

Pulverisierung der Sprachen und Nationen im ganzen Osten, die ernsten Sorgen des wiedervereinigten Deutschlands, die Nöte der Armenier und Georgier, ja sogar die Nöte George Bushs, über dessen private Affären nur deshalb so viel geklatscht wird, weil er nicht mehr die Aufgabe hat, sich dem Reich des Bösen entgegenzustemmen. Aber auch die italienischen Wirren, die Krise der Sozialistischen Partei und der Exkommunisten und der Christdemokraten, der Bruch eines allgemein akzeptierten Paktes zwischen Macht und Mafia (seit der Landung in Sizilien 1943) und folglich das wütende Umsichschlagen oder die neue Internationalisierung einer Mafia, die nicht mehr von der ungestörten Rückendeckung durch eine Macht leben kann, der die Rechtfertigung des antikommunistischen Kampfes abhanden gekommen ist – alles, was gegenwärtig in diesem unseren unglückseligen Lande geschieht, hängt mit dem Zusammenbruch des Sowjetreiches zusammen, genauso wie die Leiden des jungen Havel. Sogar die Lega Nord ist eine Blüte auf den Trümmern dieses Zusammenbruchs, ebenso wie die kroatische Ustascha, die serbischen Genozide und der slowenische Abfall.

Es ist nicht so, daß der Preis geringer wird, wenn man weiß, was der Zusammenbruch eines Reiches kostet. Aber es ist gut, es zu wissen, um vorauszusehen, was auf uns zukommt. Nicht daß die Geschichte sich immer in gleicher Weise wiederholt, sie tritt auch nicht immer zuerst als Tragödie und dann als Farce auf. Manchmal wiederholt sie sich in immer neuen Formen von Tragödie. Aber es gibt einige Gesetze, einige Prinzipien von Aktion und Reaktion, deren Erkenntnis die Geschichtsforschung immer noch, und zwar in einem sehr wissenschaftlichen und nur sehr wenig rhetorischen Sinn, zur *magistra vitae* macht.

1992

Hinrichtung live, zum Abendessen

Ich bedauere sehr, daß die zuständigen Behörden nicht erlaubt haben, die jüngste Hinrichtung in den Vereinigten Staaten live im Fernsehen zu übertragen. Ja, ich finde sogar, man müßte die Exekution um 20.00 Uhr Ostküstenzeit vornehmen, damit gute Aussichten bestehen, daß man sie in New York beim Abendessen sieht, im Mittleren Westen (wo man sehr früh zu Abend ißt) bei einem Bier nach dem Essen und in Kalifornien, während man einen Daiquiri am Swimming-pool süffelt. Bei uns, wo um diese Zeit Nacht wäre, müßte man die Exekution in den Abendnachrichten des folgenden Tages übertragen.

Daß die Leute bei Tisch sitzen, ist sehr wichtig: Das Knacken des brechenden Halses, die Zuckungen des Unterleibs oder die Beine, die nach dem Hängen noch eine Zeitlang strampeln, müssen mit der Tätigkeit des Hinunterschluckens der Speise auf seiten des Publikums interagieren. Wird die Hinrichtung auf dem elektrischen Stuhl vollzogen, müßte man es so einrichten, daß der Verurteilte noch ein paar Sekunden lang schmort, womöglich während auf dem heimischen Herd die Eier in der Pfanne brutzeln. Beim Vergasen ist das Spektakel garantiert, denn dem Verurteilten ist vorher gesagt worden, er solle das Gas in einem Zug und möglichst tief einsaugen, was an sich schon sehr telegen ist, und dann sind da noch die Zuckungen. Von Injektionen ist abzuraten, denn dabei verpufft die ganze Schönheit der Liveübertragung und man könnte die Sache ebensogut bloß im Radio bringen.

Ich verstehe, daß der Vorschlag unpopulär klingt, gerade jetzt, wo die italienische Disney-Company ihren Drehbuchautoren verboten hat, den Onkel Dagobert sagen zu lassen, er wolle seinen Neffen Donald erwürgen, da das eine Aufforderung zur Gewalt sei. Es ist gräßlich, daß aus Profitgründen Filme produziert werden, in denen Leute mit megagalaktischen Maschinengewehren schießen, um Gehirnmasse spritzen und Blutströme fließen zu lassen. Aber man muß unterscheiden zwischen fiktiven Spielen, die unschuldige Kinder verwirren oder Schwachsinnige zu abartigem Verhalten verführen können, und der Chronistenpflicht.

Hinsichtlich der Todesstrafe teilt sich die Welt in zwei Kategorien: diejenigen, die sie verurteilen (wie ich), und diejenigen, die sie für notwendig halten. Falls diejenigen, die sie verurteilen, einen schwachen Magen haben, können sie ja den Fernseher abschalten, wenn eine Hinrichtung übertragen wird. Aber sie würden zumindest in einer gewissen Weise am Ausdruck der Trauer teilnehmen. Wenn in dieser Stunde ein Mensch getötet wird, sollen alle irgendwie teilnehmen, sei's auch nur, indem sie still beten oder laut im Kreis der Familie Pascal vorlesen. Sie sollen wissen, daß in diesem Augenblick etwas Abscheuliches geschieht. Und wenn sie zusehen, werden sie sich noch mehr darin bestärkt fühlen, diese Barbarei abzulehnen, ohne bloß zu sagen, daß sie nicht damit einverstanden sind – wie ja der Anblick eines unterernährten afrikanischen Kindes auf dem Bildschirm das gute Gewissen eines jeden zumindest ankratzt.

Sodann gibt es jene, die für die Todestrafe eintreten. Und diese *müssen* die Hinrichtung sehen. Ich höre schon den Einwand: Man könne der Ansicht sein, daß es gut ist, Blinddarmoperationen vorzunehmen, aber man brauche sich die nicht anzusehen, schon gar nicht beim Abendessen! Bei der Todesstrafe geht es aber nicht um eine Operation, über die sich alle einig sind. Es geht um den Sinn und den Wert des menschlichen Lebens und der Gerechtigkeit. Also machen wir keine Geschichten. Wenn du für die Todesstrafe bist, mußt du auch bereit sein, dir anzusehen, wie der Verurteilte zuckt und strampelt, wie er sich aufbäumt und sich erbricht, wie er hustet und geifert und seine arme Seele Gott übergibt. Früher waren die Leute ehrlicher, sie kauften sich Eintrittskarten, um der Hinrichtung beizuwohnen, und genossen das Schauspiel mit Hingabe. Auch du, der du für die hehre Justiz der Todesstrafe eintrittst, sollst sie »genießen«: essend, trinkend, mach dabei, was du willst, aber du kannst nicht so tun, als ob sie nicht stattfände, während du ihre Legitimität vertrittst.

Du sagst: »Und wenn meine Frau gerade schwanger ist und hinterher eine Fehlgeburt hat?« Na und? Der neue Katechismus räumt ein, daß Staaten die Todesstrafe einführen dürfen. Er sagt auch, daß man nicht abtreiben darf, aber nur, wenn man es willentlich tut. Wenn man eine Fehlgeburt hat, während man einen Sterbenden mit den Füßen ins Leere treten sieht, ist es keine Sünde.

1993

New York, New York, what a beautiful town!

Es gibt viele Städte im Ausland, die ich sehr liebe und in die ich immer wieder gern komme: zum Beispiel Barcelona oder Amsterdam. Aber wenn man mich fragt, in welcher ausländischen Stadt ich leben könnte – ich meine dauerhaft, für den Rest meines Lebens –, dann fällt meine Wahl zu gleichen Teilen auf Paris und New York. Nicht nur, weil es sich um zwei schöne Städte handelt: Um zu beschließen, daß eine Stadt der Ort sein soll, an dem ich einmal sterben werde, muß ich sicher sein, daß ich dort niemals Heimweh haben werde. Nun, und in diesen beiden Städten hat man nie Heimweh. Was sollte man dort auch vermissen, wo es doch alles gibt? Man fühlt sich im Zentrum der Welt, auch wenn man zu Hause bleibt. Und wenn man ausgeht, braucht man kein Ziel zu haben – man geht und geht und sieht immer etwas Neues.

»New York, New York, what a beautiful town«, heißt es im Lied, »The Bronx is up and the Battery's down!« New York ist dreckig und chaotisch, man kann sich nie darauf verlassen, daß die Bar oder das Restaurant, die einem letzte Woche so gut gefallen haben, noch da sind, weil inzwischen vielleicht das ganze Gebäude, der ganze Block abgerissen worden ist, man kann unversehens einen Messerstich abbekommen (allerdings nicht an jeder Ecke, das Schöne am Leben in New York ist, daß man sogar die Straßen kennt, in denen es schwer ist, einen Messerstich abzubekommen). Der Himmel kann von einem betörenden Blau sein, der Wind ist erregend, die Wolkenkratzer leuchten manchmal heller und erhabener als der Parthenon, und jedes neue Bauwerk, das zwischen ihnen entsteht, wird schön. Es ist, wie einmal jemand gesagt hat, als lebte man in einer steinernen *Jam Session.* Improvisation und Zufall erzeugen Ordnung und Harmonie. In New York ist auch das Abscheuliche faszinierend. Wie also erst das Glanzvolle.

Wenn man es gut kennt, weiß man, daß hinter der nächsten Ecke eine andere Welt beginnt, eben noch waren alle Koreaner, dann sind alle Polen geworden, eben noch gab es nur Uhren zu kaufen, dann gibt es nur Blumen. Zu einer bestimmten Zeit kann man eine ganze Straße voll orthodoxer Juden mit schwarzen Hüten und Bärten und Löckchen sehen, und zwei Minuten später ist dieses ganze Gewusel von Chagallfiguren verschwunden, aber wenn man die richtigen *Delis* kennt, findet man sie alle wieder. Dann spaziert man zehn Minuten weiter und findet am Rand des Central Parks eine Gruppe Studenten der Julliard School, die ein kleines Konzert mit Barockmusik machen; man geht ein Stück weiter und wühlt an einem Stand zwischen alten Büchern, man steigt ein paar Stufen hinunter und füttert die Grauhörnchen am Ufer eines kleines Sees, umgeben von Wolkenkratzern in Form von Loire-Schlössern. New York ist die Stadt der Gewalt und die Stadt der Toleranz. Es nimmt alle auf, läßt einige sterben, macht andere glücklich, macht aber keine Anschläge auf die *Privacy* weder der einen noch der anderen, denn es ist das Ideal für einen Millionär, aber auch für einen Clochard. Einmal haben sie ein Experiment gemacht: sie haben einen Typ in eine mittelalterliche Rüstung gesteckt und in eine Telefonzelle gestellt. Nach zehn Minuten hat jemand ärgerlich an die Scheibe geklopft, aber nur, weil der Ritter die Zelle zu lange besetzt hielt; sonst machte er, ob so oder anders gekleidet, auf niemanden besonderen Eindruck. Seine Sache. New York ist auch eine polychrome Stadt: man kann dort alle Farben sehen. Kurzum, New York ist ein Wunder. Beziehungsweise, es war eins. Ich kann jetzt nicht sagen, daß ich nie mehr hinfahren werde, weil ich oft unumgängliche berufliche Verpflichtungen habe, aber sicher ist, daß ich in Zukunft meine New-York-Aufenthalte auf ein Minimum beschränken werde. Denn im Staate New York wird jetzt die Todesstrafe wieder eingeführt.

Wie kann man in einer Stadt leben, wo getötet wird, um zu lehren, daß man nicht töten darf? Wo man, um jemanden davon abzuhalten, mir ein Messer in den Bauch zu stoßen, mich der Gefahr aussetzt, daß ein unvorhersehbarer Justizirrtum jemand anderen ermächtigt, mir eine tödliche Spritze in den Arm oder wohin auch immer zu stoßen? Wie kann ich eine Stadt noch vital und lebensfreudig finden, die im Schatten des legalisierten Todes steht? In jedem Passanten werde ich ein potentielles Henkersopfer sehen, und dennoch werde ich wissen, daß viele von ihnen sich über ihr Schicksal tierisch freuen würden, denn sie haben ja für den gestimmt, der ihnen den Tod versprach.

New York ist eine Stadt mit einem derart ausgeprägten Freiheitssinn, daß vielleicht etwas geschehen wird. Wenn auch gewöhnt an den Geruch seiner pittoresk aufgetürmten nicht abgeholten Müllsäcke, wird es hoffentlich auf den Todesgestank reagieren und nicht dulden, daß die Fackel der Freiheitsstatue als Friedhofsfackel gesehen wird. Aber vorerst ist es nun so.

Was für eine traurige Nachricht! »New York, New York, what a terrible town! The Bronx, the Park, and the Battery are down.«

1995

Politisch korrekt oder intolerant?

In einem früheren Streichholzbrief hatte ich behauptet, daß die *Political Correctness*, in Amerika entstanden, um die Rechte der unterdrückten Minderheiten zu verteidigen und sich jeder Form von rassistischer Diskriminierung entgegenzustellen, im Begriff sei, sich in einen neuen Fundamentalismus zu verwandeln. Und Fundamentalismen, die annehmen, daß es von einer Wahrheit nur eine einzige Version geben könne, weshalb sie alle anderen als abwegig verwerfen, müssen zwar nicht notwendig intolerant sein (sie könnten anderen gestatten, nicht fundamentalistisch zu sein), aber sie laufen ohne Zweifel Gefahr, es zu werden, indem sie alle diejenigen aus der Gemeinschaft der Rechtgläubigen ausschließen, die sich nicht an die »richtige« Interpretation der Texte halten.

Einer meiner Freunde, Professor an einer amerikanischen Universität, hat mir folgenden Fall erzählt. Er ist Raucher, in den Universitätsgebäuden darf man nicht rauchen, und deshalb geht er in den Pausen zwischen zwei Vorlesungen zum Rauchen hinaus. Auch unter den Studenten gibt es Raucher, die ebenfalls hinausgehen; sie treffen sich draußen und plaudern zehn Minuten miteinander. Ich mache es übrigens ebenso: Meine Vorlesungen dauern zwei Stunden, ich unterbreche sie in der Mitte für zehn Minuten, gehe in den Garten oder auf die Straße, um eine Zigarette zu rauchen, und unterhalte mich dabei mit den Studenten, die dasselbe schlimme Laster haben (das ich wohlgemerkt nicht billige, aber so geht's eben zu in der Welt).

Nun ist mein amerikanischer Freund von einigen nichtrauchenden Studenten beim Präsidenten seiner Universität angezeigt worden, und zwar mit folgender Begründung: Indem er sich draußen mit den rauchenden Studenten unterhalte, stelle er mit ihnen zum Schaden der nichtrauchenden ein privilegiertes Verhältnis her. Dieses privilegierte Verhältnis verletze die Regeln der Chancengleichheit, und daher sei sein Verhalten zu mißbilligen. Wie man sieht, geht es in diesem Fall nicht um Respektierung einer Minderheit, die zuvor unterdrückt worden war oder potentiell unterdrückbar wäre, sondern höchstens um die Selbstverteidigung einer Mehrheit vor der Gefahr, zu einer benachteiligten Minderheit zu werden.

Es ist leicht einzusehen, daß ein so besorgtes Eintreten für die Rechte jeder Gruppierung zu einer gefährlichen Intoleranz gegenüber allem und jedem führen kann. Man könnte beispielsweise zum Gesetz erheben, daß ich nicht die Person heiraten darf, die ich liebe, sondern nur die, die mir zugewiesen wird, damit die Rechte aller ethnischen Minderheiten respektiert werden (so daß ich dann keine Chinesin heiraten darf, wenn zehn Chinesinnen schon verheiratet sind, sondern eine Inderin oder eine Finnin nehmen muß, damit alle ethnischen Minderheiten gleiche Chancen haben).

Einer der größten Verfechter eines radikalen Liberalismus (der für die Rechte eines jeden eintritt, zum Beispiel auch derer, die sich zum Freitod entschließen) ist Ronald Dworkin, der letzte Woche die Würde eines juristischen Ehrendoktors der Universität Bologna erhalten hat. In seiner Dankesrede sprach er genau über das Problem der akademischen Freiheit.

Die Erfindung der Universität (die übrigens im Mittelalter und genau in Bologna stattfand) sei ein großes Ereignis gewesen, sagte er, weil sie die Existenz einer Lehrinstitution etabliert habe, die nicht nur institutionell unabhängig von der politischen und religiösen Macht sein sollte, sondern in der auch jeder Lehrende ideologisch unabhängig von der Institution selber sein müsse. Eine revolutionäre Idee, die den Fortschritt der abendländischen Wissenschaft allererst möglich gemacht hat.

Mit der *Political Correctness* wird nun jedoch diese Freiheit in Zweifel gezogen. Ein Professor für englische Literatur wird aufgefordert, keine Vorlesung über Shakespeares *Othello* zu halten, weil die Figur des eifersüchtigen Mohren, der schließlich zum Mörder wird, die afro-amerikanischen Studenten beleidigen könnte; er darf auch nicht über den *Kaufmann von Venedig* sprechen, weil Shakespeare sich in dieser Tragödie nicht immun gegenüber einem populären Antisemitismus gezeigt hat (auch wenn Shylock eine großartige Figur ist). Aber er wird sogar entmutigt, eine Vorlesung über Aristoteles zu halten, wenn das zur Vernachlässigung der Philosophie und Mythologie eines afrikanischen Volksstammes führt (dessen Nachkommen die Universität besuchen).

Daß es richtig und nützlich ist, sowohl Aristoteles als auch die Mythen der Dogon zu behandeln, steht außer Frage. Leider bestraft aber heute die *Political Correctness* den, der Aristoteles lehrt, und belohnt den, der Vorlesungen über die Mythen der Dogon hält. Was eine Form von Fanatismus und Fundamentalismus darstellt, die nicht besser ist als jene, in der man einst lehrte, daß Aristoteles die menschliche Vernunft verkörpere und die Mythen der Dogon nur Ausdruck einer primitiven Mentalität seien.

Es ist richtig, wenn eine Universität, wie übrigens auch ein Gymnasium, Platz für die Lehre aller möglichen Sichtweisen läßt. Deswegen bin ich seit langem dafür, daß in einer guten Schule gelehrt werden sollte, was in der Bibel steht, was in den Evangelien, was im Koran und was in den Schriften Buddhas. Aber jemandem zu verbieten, über die Bibel zu sprechen (die er gut kennt), nur weil er dann nicht über den Koran spricht, ist eine gefährliche Form von Intoleranz, maskiert als Respekt vor den Meinungen anderer.

1997

Revision im Namen des Common Sense: Der Prozeß Sofri muß neu aufgerollt werden*

Zahlreich sind die Argumente, die von den Holocaust-Leugnern benutzt werden, um jede einschlägige Zeugenaussage zu entkräften. Eine meiner Studentinnen, Valentina Pisanty, hat kürzlich ihre Doktorarbeit in Semiotik über die Logik dieser Verleugner gemacht. Ich hatte sie ge-

* Dieser Text war ursprünglich nicht als »Bustina di Minerva« im *Espresso* erschienen, sondern in der Zeitschrift *Micromega* 3, 1997. Ins Französische übersetzt und leicht erweitert ist er anläßlich der Entscheidung über den Revisionsantrag im Prozeß gegen Sofri et al. am 18. März 1998 auch in *Le Monde* erschienen; die vorliegende Übersetzung berücksichtigt beide Fassungen. – Der zugrundeliegende Fall: Adriano Sofri und zwei weitere ehemalige Anführer der 1968er Bewegung »Lotta Continua«, Ovidio Bompressi und Giorgio Pietrostefani, waren im Juli 1988 beschuldigt worden, die Ermordung des Mailänder Polizeikommissars Luigi Calabresi im Mai 1972 organisiert zu haben. Die Anklage stützte sich im wesentlichen auf die Aussage eines Kronzeugen. Im Januar 1997, nach insgesamt sieben Prozessen, die sich hauptsächlich um die Glaubwürdigkeit dieses Kronzeugen drehten, wurden die drei Beschuldigten zu 22 Jahren Gefängnis verurteilt. Dieses Urteil löste in Italien, Frankreich und großen Teilen Europas heftige Proteste und eine Welle von Solidaritätsbekundungen mit den Verurteilten aus, die nach wie vor ihre Unschuld beteuern. Der Fall ist auch im Jahr 2000 noch aktuell: Die Revision des Prozesses wurde am selben Tag, an dem Ecos Artikel in *Le Monde* erschien, abgelehnt, aber im August 1999 dann doch zugelassen – allerdings nur, um das Urteil im Revisionsprozeß des Berufungsgerichts Venedig am 23. Januar 2000 zu bestätigen und die drei Angeklagten erneut zu 22 Jahren Haft zu verurteilen. Genaueres und letzter Stand des Falles auf der Website *www.sofri.org* (A. d. Ü.).

beten, nicht ihre eigenen Ansichten über die Realität des Holocaust darzulegen, auch nicht zu entscheiden, ob die von den einen oder anderen präsentierten Dokumente »authentisch« sind (das ist Aufgabe der Historiker), sondern lediglich herauszuarbeiten, mit welchen logischen Verfahrensweisen die Holocaust-Leugner bestimmte Dokumente oder Zeugenaussagen untersuchen.

Ich zitiere nur zwei typische Argumente. Die Holocaust-Leugner versuchen zu beweisen, daß das *Tagebuch der Anne Frank* eine Fälschung sei (ausgehend von der evidenten Tatsache, daß der Text mehrfach redigiert worden ist). Einer ihrer Hauptpunkte ist folgender: Die in dem Hinterhaus an der Prinsengracht Versteckten wären gezwungen gewesen, ihre Abfälle zu verbrennen, der schwarze Rauch aus dem Schornstein hätte den Nachbarn auffallen müssen, und sie hätten ihn der Gestapo gemeldet. Es sei unwahrscheinlich, daß niemand den Rauch bemerkt habe. Das Argument ist in sich untadelig, es setzt nur voraus, daß die im *Tagebuch* berichteten Dinge nicht wahr sind; tatsächlich läßt es ein entscheidendes Element außer acht, nämlich daß am Ende jemand den Rauch bemerkt und die Gestapo benachrichtigt haben kann, denn wie man weiß, sind ja die Versteckten, wenn auch erst nach einer Weile, entdeckt worden.

Zweites Argument: Ein Überlebender der KZs berichtet, in Treblinka habe es einen 35-40 Meter hohen Berg von Kleidern gegeben. Die Leugner argumentieren, ein solcher Berg müßte so hoch wie ein fünfzehnstöckiges Gebäude gewesen sein, zu einer solchen Höhe hätten die Kleider nicht ohne Hilfe eines Krans aufgetürmt werden können, und der Berg hätte den unwahrscheinlichen Durchmesser von ca. 140 Metern mit einer Grundfläche von 4805 Quadratmetern haben müssen. Für einen solchen Berg habe es im Lager keinen Platz gegeben. Schlußfolgerung: Der Zeuge lügt.

Das Argument ist mathematisch einwandfrei, aber rhetorisch schwach, denn es läßt außer acht, daß jeder Mensch – zumal wenn er gerade eine schreckliche Erfahrung hinter sich hat, und erst recht, wenn er sie sich nach einiger Zeit in Erinnerung ruft – zu rhetorischen Übertreibungen neigt. Es ist, wie wenn uns jemand ein schreckliches Erlebnis erzählt und dabei sagt, ihm seien die Haare zu Berge gestanden, und wir ihm dann anhand physikalischer Gesetzmäßigkeiten vorhielten, daß Haare sich nicht in vertikale Position aufrichten können. Selbstverständlich wollte der Zeuge mit seiner Übertreibung nur ausdrücken, daß er etwas Schreckliches gesehen und große Angst gehabt hatte, und das ist es, worüber diskutiert werden muß, wenn man vernünftig argumentieren will.

Die Logik der Verleugner zu studieren kann viel wichtiger sein als immer erneut zu beweisen, daß etwas tatsächlich geschehen ist. Denn die Leugnung dieses Etwas annulliert sich selbst durch die perverse Art, wie über die Beweise und Indizien gesprochen wird. Daß ein Urteil falsch ist, kann man dadurch beweisen, daß man zeigt, wie massiv die Begründung auf einem Vorurteil beruht.

Der Artikel des Historikers Carlo Ginzburg, »Sofri, die gedemütigte Justiz«, in *Micromega* 2, 1997, den ich gleichzeitig mit seinem Buch von 1991 über den ersten Prozeß gegen Sofri gelesen habe*, scheint sich auf die Argumente der Holocaust-Leugner zu beziehen. Die Position dieser Leugner ist (ich spreche nicht von den vorsichtigeren »Re-

* Carlo Ginzburg, *Der Richter und der Historiker. Überlegungen zum Fall Sofri*, deutsch von Walter Kögler, Wagenbach, Berlin 1991 (A. d. Ü.).

visionisten«, man kann immer über die Zahl der Holocaust-Opfer diskutieren, ob sechs oder fünf Millionen, macht moralisch gesehen nicht viel Unterschied), daß man jeden Beweis anfechten oder anders interpretieren kann, wenn man von vornherein überzeugt ist, daß der Holocaust nicht stattgefunden habe.

Ich bin nicht so unbesonnen und zynisch, den Fall Sofri mit dem Holocaust zu vergleichen. Das wäre ein Vergleich zwischen einer Justizaffäre, von der drei Personen betroffen sind, und einer historischen Tragödie von gigantischen Dimensionen. Aber ich interessiere mich für Argumentationsweisen. Die Argumentationsweisen können die gleichen sein, ob man beweisen will, daß alle Christen den Löwen vorgeworfen gehören oder daß Sacco und Vanzetti schuldig sind, unabhängig von der Zahl der betroffenen Menschen.

Ginzburgs Argumente sind überzeugend auch für diejenigen, die – wie ich – nicht durch eine gemeinsame politische Arbeit oder lange Bekanntschaft mit Sofri verbunden gewesen waren. Sie geben jedem zu denken, der mit gesundem Menschenverstand urteilen will. Es scheint wirklich, als sei der Prozeß beziehungsweise die Prozeßserie gegen Sofri (wenn ich von dem »Fall« spreche, steht der Name Sofri immer als pars pro toto auch für die beiden Mitangeklagten Bompressi und Pietrostefani) unter Mißachtung nicht der Gesetze, sondern jener natürlichen Vernunft geführt worden, die uns dazu veranlaßt, auch in den unterschiedlichsten Lebenslagen einzusehen, daß jemand, der sagt, ihm seien die Haare zu Berge gestanden, damit nur sagen wollte, daß er sich heftig erschrocken habe, und alles übrige ist perverse Haarspalterei.

Jeder, der den Fall mit gesundem Menschenverstand betrachtet, hat das Gefühl, daß Sofri aus den falschen Gründen verurteilt worden ist. Wenn ich »aus den falschen Gründen« sage, will ich denen eine Chance lassen, die von Sofris Schuld überzeugt sind. Er mag schuldig sein, aber die Gründe, aus denen er schuldig gesprochen worden ist, sind falsch.

Warum hat der Prozeß gegen Sofri die Öffentlichkeit so erregt, auch diejenige, die den Angeklagten nicht nahesteht? Aus den gleichen Gründen, auch wenn der politische Hintergrund ein ganz anderer war, aus denen ein (damals viel kleinerer) Teil der Öffentlichkeit sich über den Prozeß Braibanti erregt hatte. Vielleicht erinnert sich noch jemand daran, andernfalls verweise ich ihn auf ein Buch, das ich seinerzeit über den Fall herausgegeben habe.* Ein obskurer Gymnasialprofessor in der Provinz – dem ich übrigens nie begegnet bin, weder vorher noch nachher – war wegen »Hörigmachung« (*plagio*, von lat. *plagium*, »Menschenraub«) angeklagt worden, weil er zwei junge Männer (Erwachsene wohlgemerkt) dazu verführt hatte, mit ihm ein homosexuelles Verhältnis einzugehen und, schlimmer noch, ein Boheme-Leben, sowie eine Reihe von Ideen mit ihm zu teilen, die vom Marxismus bis zu den atheistischen Ansichten des jüdischen (*sic!*) Philosophen Baruch Spinoza gingen.

Es ist schwierig, das Delikt der »Hörigmachung« generell zu definieren, wenn allenfalls eine Übertölpelung geistig Minderbemittelter vorliegt – andererseits war auch nicht klar, ob die Verführung zweier Erwachsener zu sexuellen Handlungen als Übertölpelung definiert werden konnte. Aber das war nicht das einzige Problem: Jedem,

* *Sotto il nome di plagio*, Mailand, Bompiani, 1969, mit Beiträgen von Alberto Moravia, Adolfo Gatti, Mario Gozzano, Cesare Musatti u. a. m.

der den Prozeß verfolgt und die Hunderte von Seiten der Verhandlungsakten und des Schlußurteils gelesen hatte, war klargeworden, daß dieser Prozeß gegen alle Regeln der Logik und der Vernunft geführt worden war – Ursachen waren mit Wirkungen verwechselt worden und umgekehrt, als belastend war gewertet worden, daß sich der Angeklagte mit dem Leben der Ameisen beschäftigte, daß er in seinen Schubladen allerlei seltsame und kuriose Dinge aufbewahrte und dergleichen mehr.

Jener Teil der Öffentlichkeit, der sich damals mit dem Fall beschäftigte, hatte das einzige getan, was getan werden konnte und mußte: Er hatte die Dokumente minutiös geprüft und die Prozeßfehler öffentlich angeprangert, Fehler, die mehr noch mentaler als juristischer Art waren. Am Ende war Braibanti in der Berufungsverhandlung freigesprochen worden. Es war nicht nötig gewesen zu sagen, ob man ihn sympathisch fand oder nicht, ob man seine Ideen und seine sexuellen Vorlieben teilte oder nicht: Es lag einfach kein Delikt vor – es sei denn, man wollte Homosexualität als Delikt betrachten, aber gerade dies war einer der Punkte, in denen sich die Urteilsbegründung aufs monströseste verrannt hatte.

Warum erinnere ich an diesen Fall? Weil am Ende die wohlüberlegten Beiträge, die auf den Kern der Sache zielten – daß der Prozeß fehlerhaft war –, sicher dazu beigetragen hatten, daß es zu einer vernünftigeren Bewertung des Falles kam. Wären statt dessen Demonstrationen von Schwulen durch die Straßen gezogen, die Freiheit für Braibanti forderten, weil er einer der ihren sei, dann säße er wahrscheinlich heute noch im Gefängnis.

Nun zurück zum Fall Sofri. Viele der Stellungnahmen zu seinen Gunsten waren, wenn auch verschieden ausgestaltet, von der Art: »Ich kenne ihn gut, er kann so etwas gar nicht getan haben.« Solche Beiträge finde ich wenn nicht schädlich, so doch vollkommen unnütz. Das Argument der moralischen Überzeugung ist in jedem Prozeß eines der schwächsten, sei's auch nur aus dem einfachen Grund, daß jeder Delinquent eine Sekunde, bevor er sein Delikt begeht, noch kein Delinquent ist (es sei denn, man folgte der Theorie vom »geborenen Verbrecher«). Das Argument, daß der Angeklagte doch so ein netter Kerl sei, den alle mögen und schätzen, ist genau das, zu dem jede Mutter greift, wenn ihr Sohn auf frischer Tat ertappt worden ist.

Moralische Überzeugungen sind von größter Bedeutung für die Bewertung einer Person, aber nicht für die Durchführung eines Prozesses. Und was noch schlimmer ist, sie sind dort nicht nur wertlos, sondern sie können, wenn sie massenhaft und hartnäckig vertreten werden, sogar schaden, da sie die Richter dazu veranlassen, sich gegen einen Druck zu wehren, den sie als psychischen Druck von seiten derer wahrnehmen, die sich aus ihrer Sicht in einem Komplizenverhältnis zum Angeklagten befinden. Gott bewahre mich vor meinen Freunden.

Mag sein, daß mein Widerwille gegen gegen Verteidigungen à la »Ich kenne ihn gut« eine persönliche Abneigung ist. Aber ich denke, wenn jemand eines Verbrechens angeklagt ist, dann hat man entweder Beweise für seine Unschuld und muß sie unverzüglich dem Gericht vorlegen, oder man hat bloß moralische Überzeugungen, und dann muß man wissen, daß sie vor Gericht nichts zählen. Rechtsgarantien verteidigt nicht der, der handelt, weil er von der Unschuld eines Angeklagten überzeugt ist, sondern der, der handelt, weil er das Recht des Angeklagten auf ein schnelles und wohlabgewogenes Urteil respektiert haben will.

Ein weiteres emotionales Argument, das man oft zu hören bekommt, ist: es sei ungerecht, jemanden für ein vor zwanzig Jahren begangenes Verbrechen zu verurteilen, wenn sein Leben sich seither gründlich verändert hat. Ein unsinniges Argument, denn es hieße ja allgemein zu behaupten, die Zeit tilge das Verbrechen. Was dieses Argument darüber hinaus zweischneidig macht, ist der Umstand, daß es von denen benutzt wird, die Sofris Unschuld beteuern und zugleich bereit sind, seine Schuld einzuräumen, sofern man nur anerkennt, daß er sich mit der Zeit verändert habe. Noch einmal, Gott bewahre mich vor meinen Freunden.

Ebenso zwiespältig erscheinen mir alle Gnadenappelle an den Staatspräsidenten, und ich finde es richtig und ehrenvoll von den Inhaftierten, daß sie die ersten sind, die eine solche Lösung abgelehnt haben. Das Argument ist schlüssig: Wenn ich mich für unschuldig erkläre, kann ich keine Begnadigung wünschen; ich kann nur wollen, daß meine Unschuld anerkannt wird. Begnadigung würde meine Schuld implizieren. Zum dritten Mal, Gott bewahre mich vor meinen Freunden.

Schließlich hat es auch dubiose Solidaritätserklärungen gegeben. Sofri wurde und wird noch immer zynisch als Keil benutzt, um die Richterschaft auseinanderzutreiben; seine Begnadigung soll andere Begnadigungen nach sich ziehen und eine Reihe von Strafprozessen aus den Angeln heben. Die Beweisführung, daß der Prozeß Braibanti fehlerhaft war, zielte keineswegs darauf ab, die Richtigkeit von Strafprozessen überhaupt in Frage zu stellen; sie sollte nur zeigen, daß *dieser bestimmte* Prozeß unter Mißachtung aller juristischen Regeln geführt worden war, und das ist etwas ganz anderes.

Was tut man in einer zivilen Gesellschaft? Man tut das,

was Zola für Dreyfus getan hat, indem man den Prozeß unter die Lupe nimmt, was das Recht und die Pflicht einer nicht-hysterischen Öffentlichkeit ist. Genau das hatte Carlo Ginzburg nach dem Urteil von 1990 getan. Und darum ist es viel wichtiger, sein Buch zu lesen oder wiederzulesen und lange Auszüge daraus in Zeitungen und Zeitschriften abzudrucken, als immer neue Aufrufe zu unterschreiben. Auch wenn Ginzburg am Anfang des Buches sehr ehrlich seine Überzeugungen dargelegt hatte (wir könnten fast sagen: die Schwäche seiner Überzeugungen), indem er betonte, daß der erste Beweggrund, aus dem er das Buch geschrieben habe, seine persönliche Freundschaft mit Sofri war, argumentierte er dann im weiteren nicht mehr emotional, sondern analysierte nüchtern und sachlich die Aussagen, Verhöre, Indizien, Beweise und Gegenbeweise, und wer das Buch gelesen hatte, mußte sich über jenen Indizienprozeß schon sehr wundern, denn die Indizien waren nach einem ziemlich beunruhigenden Prinzip bewertet worden: Alle *ent*lastenden Zeugenaussagen oder Indizien waren verworfen worden, wenn sie nicht mit den Aussagen des Kronzeugen der Anklage übereinstimmten.

Aber Ginzburg tat noch mehr: Er verglich die von den Richtern benutzten Interpretationsmethoden mit denen, die ein seriöser Historiker beim Prüfen und Bewerten seiner Zeugnisse anwenden müßte. Er war skeptisch genug, nicht zu erwarten, daß die beiden Vorgehensweisen in jedem Punkt koinzidieren würden, und das hat er auch nicht verschwiegen. Aber was am Ende herauskam, war eine beunruhigend krasse Unvereinbarkeit zwischen den Vorgehensweisen einer seriösen Geschichtsforschung und denen, die im Prozeß und in der Urteilsbegründung angewandt worden sind.

Deswegen habe ich eingangs von der Bedeutung einer logischen Analyse der Argumente der Holocaust-Leugner gesprochen. Es gibt eine Analogie zwischen den Argumenten, die beweisen sollen, daß ein Verbrechen *nicht* stattgefunden habe, und denen, die beweisen sollen, *daß* es stattgefunden habe, nämlich ihre argumentative Schwäche. In manchen Fällen muß man, was Rechtsgarantien betrifft, nicht nur die Rechte der Angeklagten oder der Opfer schützen, sondern mehr noch die Rechte, ich sage gar nicht der Vernunft, sondern bloß des gesunden Menschenverstandes. Mir scheint, daß die Argumente, die im Prozeß Sofri benutzt worden sind, gegen den *Common Sense* verstoßen.

Offensichtlich ist die Lektion, die aus Ginzburgs Buch hervorgeht, nicht genügend beachtet worden. Also bleibt nur eines zu tun: in der gleichen Richtung weiterzugehen. Wie ich höre, hat ein Verlag die Absicht, die ganze Urteilsbegründung zu veröffentlichen. Ich weiß nicht, ob er sie wirklich in voller Länge drucken will, denn das ergäbe ein Buch von abschreckendem Umfang. Aber sicher ist dies der richtige Weg und die einzige Gnade, auf die die Verurteilten hoffen können, auch wenn sich das Ganze dadurch noch länger hinzieht. Man muß sich entscheiden, ob man Gerechtigkeit und Rechtsgarantien haben oder sein gutes Herz unter Beweis stellen will. Ich für meinen Teil habe noch nie erlebt, daß eine Ungerechtigkeit durch gutes Herz wiedergutgemacht worden ist, nicht einmal im Falle des reuigen Diebes, der seine Beute zurückgibt. Nein, man muß auf Ginzburgs Weg weitergehen: die Öffentlichkeit zu der Einsicht bringen, daß der Prozeß neu aufgerollt werden muß.

PS: Mir fehlt einfach die »moralische« Überzeugung, daß der Prozeß korrekt geführt worden ist. Ich formuliere eine Hypothese, die ich auf Basis der mir bekannten Prozeßdaten für vernünftig halte. Aber ich kann nicht so tun, als ob meine Reaktion auf die mir bekannten Daten nicht auch in gewisser Weise von einem *Vor-Urteil* gelenkt würde. Auch wenn ich keine emotionalen Vorurteile habe, bin ich nicht frei von rationalen. Das ist kein Oxymoron, es gibt durchaus rationale Vorurteile: Jeder, der etwas zu untersuchen beginnt, hat vorher zumindest den Ansatz eines Gedankengangs formuliert, der ihn dazu bringt, einer bestimmten Hypothese eher zu folgen als einer anderen.

Daher will ich die »narrativen« Gründe meines Vorurteils nennen. Der Terminus »narrativ« ist hier nicht einschränkend zu verstehen. Ich gehöre zu denen, die der Ansicht sind, daß narrative Bedingungen jeden Akt des Verstehens lenken, nicht nur in der Geschichtsforschung, sondern auch in der Wahrnehmung; um ein beliebiges Phänomen zu begreifen, versuchen wir stets, eine irgendwie »kohärente« Abfolge zu erkennen. Wenn im Frühjahr eine Blume auf der Wiese wächst, die früher nie dort zu sehen war, dann ist es kohärenter und »ökonomischer« anzunehmen, daß im letzten Herbst irgendein natürliches Agens einen Samen dorthin gebracht hat, als anzunehmen, in der Nacht sei ein geisterhafter Gärtner gekommen und habe sie dort hingepflanzt. Die erste Geschichte ist wahrscheinlicher als die zweite und wird daher lieber als Hypothese genommen.

Kommen wir nun zur Geschichte von Sofri und Lotta Continua. Jedem, der seinerzeit die Zeitung *Lotta Continua* gelesen hatte, gleich ob er ihre Ansichten teilte oder nicht, ist ein typisches Merkmal dieses Blattes und der gleichnamigen Gruppe aufgefallen. Während die anderen Publikationen der Achtundsechzigerbewegung sich meistens einer doktrinären Sprache bedienten oder, in krasseren Fällen, sich in Beschimpfungen ergingen, hatte *Lotta Continua* einen neuen journalistischen Ansatz erfunden, im Gebrauch der Sprache, im Wortschatz, in der Syntax, im Formulieren der Überschriften. Es ist keineswegs ein Zufall, daß eine beträchtliche Anzahl ehemaliger Führungskader der Gruppe heute bekannte Figuren des Journalismus sind (was auch erklärt, warum die Solidarität mit Sofri so medienwirksam geworden ist). Lotta Continua, als Zeitung und Gruppe, hatte einen im Panorama der Achtundsechziger einzigartigen journalistischen Ansatz, den wir, ohne ihr zu nahe zu treten, als »persuasiv« definieren können. Ihre Sprache war medial und hatte das Hauptkennzeichen der Massenmedien: Der Adressat muß rhetorisch bearbeitet, gepackt, mitgerissen, verführt, überredet werden, man darf seinen Konsens nie voraussetzen, sondern muß ihn herbeiführen. Der persuasive Aspekt, ich möchte fast sagen, der wache Blick für die Reaktionen des Publikums war das charakteristische Merkmal, das Lotta Continua von den anderen Gruppen der Bewegung unterschied.

Was war nun das politische Projekt der Gruppe in der Affäre Calabresi? Es scheint mir evident: Sie wollte den verhaßten Kommissar delegitimieren, ihn auf die Anklagebank zerren wegen Mordes an dem Anarchisten Pinelli, oder wenigstens so viele Leute wie möglich von seiner Schuld überzeugen, um mit ihm die Macht zu delegitimieren, zu deren Symbol sie ihn erkoren hatte. Man kann Lotta Continua vorwerfen, das falsche Symbol gewählt zu haben, unerbittlich und gnadenlos gewesen zu sein, sich ihren Schuldigen selbst gezimmert zu haben, dabei so weit gegangen zu sein, viele zu einem irrationalen Haß auf ihn getrieben zu haben, man kann ihr alles vorwerfen, aber man muß zugeben, daß dies ihr Projekt war.

Deshalb brauchte Lotta Continua einen lebendigen, extrem gut zu beschuldigenden Calabresi, seine Präsenz war geradezu eine Bedingung ihres Überlebens. Und da die Redakteure der Zeitung und die Anführer der Gruppe einen ausgeprägt massenmedialen Sinn hatten, konnten sie nicht übersehen, daß ein getöteter Calabresi das genaue Gegenteil dessen geworden wäre, was sie wollten: nicht mehr ein Schuldiger, sondern ein Opfer, nicht mehr der Böse, sondern der Held. Dies jedenfalls sagte ihnen sowohl der Common Sense wie der journalistische Sinn. Gewiß kann niemand eine Wahnsinnstat ausschließen, aber bisher hatte ich nicht den Eindruck, daß im Prozeß Sofri eine Geisteskrankheit aufs Tapet gebracht worden wäre. Anders ausgedrückt, wenn heute ein mysteriöser Täter reihenweise Bomben in Kinos legen würde, könnten wir alle möglichen Leute verdächtigen, sogar die unverdächtigsten, aber die letzten, die wir verdächtigen dürften, wären die Filmproduzenten und die Kinobesitzer. Sie hätten kein Interesse an einer solchen Tat, im Gegenteil, sie würden als erste darunter leiden.

Ich verstehe, daß die Überlegung: »Calabresi nützte ihnen als Lebender, damit sie ihn symbolisch töten konnten, nicht als Toter, den sie hätten bedauern müssen«, sehr zynisch klingen mag, und sie ist es sogar, zumindest soweit jede realistische Überlegung zynisch ist. Aber bis zum Beweis des Gegenteils sind wir gehalten anzunehmen, daß Sofri und Genossen realistisch handelten. Damit ist keineswegs ausgeschlossen, daß sie die Möglichkeit unterschätzten, der eine oder andere könnte sie anders verstehen und einem Racheimpuls nachgeben. Aber das ist eine andere Geschichte, in der Sofri selber bereits seine Selbstkritik geleistet hat.

Ich halte es für ein Gebot der Vernünftigkeit, bei diesem wie bei jedem anderen Delikt die Frage *cui prodest*, »wem nützt es«, zu stellen. Prozeß und Urteil konstruieren statt dessen eine Geschichte, in der die Protagonisten eine Art kollektiven Selbstmord begehen. Das scheint mir nicht sehr kohärent.

Sicher gibt es im Leben auch inkohärente Geschichten. Aber der Verdacht auf Inkohärenz scheint mir ein guter Grund, die Geschichte noch einmal neu zu lesen. Denn so, wie sie uns erzählt worden ist, kommt sie mir ziemlich zusammengestoppelt vor.

1997

Kosovo

Im Dezember 1993 fand in der Sorbonne, veranstaltet von der neu gegründeten Académie Universelle des Cultures, ein Kongreß über den Begriff der internationalen Intervention statt. Anwesend waren nicht nur Völkerrechtler, Politologen, Militärs und Politiker, sondern auch Philosophen und Historiker wie Paul Ricœur und Jacques Le Goff, Ärzte ohne Grenzen wie Bernard Kouchner, Vertreter einst verfolgter Minderheiten wie Elie Wiesel, Ariel Dorfmann, Toni Morrison, und Repressionsopfer verschiedener Diktaturen wie Leszek Kolakowski, Bronislaw Geremek oder Jorge Semprún, also kurz gesagt, viele Leute, die den Krieg nicht mögen, nie gemocht haben und nie wieder haben wollen.

Man scheute sich, Wörter wie *Intervention* zu benutzen, die zu sehr nach Einmischung klangen, und zog es vor, von Hilfe, Unterstützung und »internationaler Aktion« zu sprechen. Reine Heuchelei? Nein, wenn eine einzelne Großmacht irgendwo interveniert, um ihre Interessen im Kampf gegen eine andere Großmacht durchzusetzen – wie in der wilhelminischen »Kanonenbootpolitik« des Deutschen Reiches im Kampf gegen Frankreich –, ist sie bloß eine einzelne Großmacht und basta, während auf besagtem Kongreß von internationaler Gemeinschaft gesprochen wurde, von einer Gruppe von Ländern, die der Ansicht sind, daß die Lage an einem bestimmten Punkt auf dem Globus unerträglich geworden ist, und die daher einzugreifen beschließen, um ein Ende mit etwas zu machen, was das allgemeine Gewissen als ein Verbrechen bezeichnet.

Aber welche Länder gehören zur internationalen Gemeinschaft, und wo sind die Grenzen des allgemeinen Gewissens? Sicher kann man sagen, daß es in jeder Kultur als böse gilt, Menschen zu töten, allerdings mit bestimmten Einschränkungen. So akzeptieren wir christlichen Europäer das Töten von Menschen aus Gründen der Notwehr, die Ureinwohner von Mittel- und Südamerika akzeptierten das rituelle Menschenopfer, und die heutigen Bewohner der Vereinigten Staaten akzeptieren die Todesstrafe.

Eine der Schlußfolgerungen jenes überaus selbstquälerischen Kongresses war, intervenieren heiße wie in der Chirurgie energisch handeln, um ein Übel zu stoppen oder zu beseitigen. Die Chirurgie will helfen, aber ihre Methoden sind gewalttätig. Ist eine internationale Chirurgie erlaubt? Die gesamte neuzeitliche politische Philosophie sagt uns, daß der Staat, um einen Krieg aller gegen alle zu vermeiden, eine bestimmte Gewalt über die einzelnen Individuen ausüben muß. Aber diese Individuen haben einen Gesellschaftsvertrag unterschrieben. Was geschieht zwischen Staaten, die keinen gemeinsamen Vertrag geschlossen haben?

Für gewöhnlich definiert eine Gemeinschaft, die sich als Bewahrerin weitverbreiteter Werte sieht (sagen wir: die demokratischen Länder), die Grenzen dessen, was sie für nicht tolerierbar hält. Nicht tolerierbar ist es, die Todesstrafe für Meinungsdelikte zu verhängen. Nicht tolerierbar ist Völkermord. Nicht tolerierbar ist die Beschneidung von Mädchen (jedenfalls wenn sie bei uns praktiziert wird). Deshalb beschließt man, zum Schutze derjenigen einzuschreiten, denen ein nicht tolerierbares Übel angetan wird. Aber es ist klar, daß dieses Übel für *uns* nicht tolerierbar ist, nicht für »sie«.

Wer sind wir? Die Christenheit? Nicht notwendigerweise: hochachtbare Christen, wenn auch keine katholischen, unterstützen Milosevic. Das Dumme ist, daß dieses »Wir« (auch wenn es durch einen Vertrag wie den nordatlantischen definiert wird) ein unpräzises Wir ist. Es ist eine Gemeinschaft, die sich zu einer Reihe von Werten bekennt.

Wenn man also beschließt, auf Basis der Werte einer Gemeinschaft zu intervenieren, schließt man gleichsam eine Wette ab: Wir wetten, daß unsere Werte und unser Sinn für die Grenze zwischen Tolerierbarem und Nichttolerierbarem die richtigen sind. Es handelt sich um eine Art von historischer Wette ganz ähnlich jener, die eine Revolution oder einen Tyrannenmord legitimiert: Wer sagt mir, daß ich im Recht bin, wenn ich Gewalt anwende (und manchmal was für eine), um wiederherzustellen, was ich für Gerechtigkeit halte? Nichts legitimiert eine Revolution in den Augen dessen, der gegen sie ist; wer sich auf sie einläßt, glaubt einfach oder wettet eben, daß er richtig handelt. Nicht anders geschieht es bei der Entscheidung für eine internationale Intervention.

Diese Lage ist es, die erklärt, warum uns alle in diesen Tagen ein solches Gefühl der Beklemmung erfaßt. Es gibt ein schreckliches Übel, dem man entgegentreten muß (die »ethnische Säuberung«). Ist ein bewaffneter Eingriff erlaubt? Muß man einen Krieg führen, um eine Ungerechtigkeit zu verhindern? Nach Maßgabe der Gerechtigkeit ja. Und nach Maßgabe der Güte und Menschlichkeit? Auch hier geht es um eine Wette: Wenn ich mit einer minimalen Gewalt eine ungeheure Ungerechtigkeit verhindern kann, dann habe ich gut und menschlich gehandelt, so wie der Polizist, der den mordwütigen Irren erschießt, um das Leben vieler Unschuldiger zu retten.

Aber die Wette ist eine doppelte. Einerseits wetten wir,

daß wir uns in Übereinstimmung mit der allgemeinen Vernunft befinden und es sich bei dem, was wir unterdrücken wollen, um etwas allgemein Untolerierbares handelt (und Pech für den, der das nicht begreift und es weiterhin akzeptiert). Andererseits wetten wir, daß es der von uns gerechtfertigten Gewalt gelingen wird, einer viel größeren Gewalt zuvorzukommen.

Das sind zwei ganz verschiedene Probleme. Ich versuche hier einmal, das erste als gelöst zu betrachten; das ist es zwar nicht, aber man bedenke: was ich hier schreibe, ist keine Abhandlung über Ethik, sondern ein Zeitungsartikel, schamlos erpreßt von Forderungen nach Knappheit und Verständlichkeit. Anders ausgedrückt, das Problem ist so ernst und beklemmend, daß es nicht in Zeitungsartikeln abgehandelt werden kann und darf. Sagen wir also, daß es richtig ist, zur Gewalt zu greifen, um ein Verbrechen wie das der »ethnischen Säuberung« zu verhindern (dem andere Verbrechen und Greuel folgen, die unser Jahrhundert erlebt hat). Die zweite Frage ist jedoch, ob die Form der Gewalt, die wir ausüben, wirklich in der Lage ist, größere Gewalt zu verhindern. Hier stehen wir nicht mehr vor einem ethischen Problem, sondern vor einem technischen, das jedoch eine ethische Seite hat: Falls die Ungerechtigkeit, zu der ich mich entschließe, die größere Ungerechtigkeit nicht verhindern könnte, wäre es dann erlaubt, sie auszuüben?

Dies zu beantworten heißt, über die Frage der Nützlichkeit des Krieges zu sprechen, des traditionellen heißen Schießkrieges, dessen Ziel die Vernichtung des Feindes und der Sieg des Stärkeren ist. Zu sagen, daß der Krieg keinen Nutzen hat, ist schwierig, weil es so aussieht, als spräche man sich damit für die Ungerechtigkeit aus, die der Krieg zu beenden versucht. Aber das ist eine psychologische Erpressung. Wenn zum Beispiel jemand sagen würde, alle Übel Serbiens kämen von der Diktatur Milosevics und alles würde sich von selbst lösen, wenn es den westlichen Geheimdiensten gelänge, Milosevic zu töten, dann würde dieser Jemand den Krieg als untauglich zur Lösung des Kosovoproblems kritisieren, aber er wäre nicht für Milosevic. Einverstanden? Warum vertitt dann niemand diese Position? Aus zwei Gründen. Zum einen, weil die Geheimdienste der ganzen Welt per definitionem ineffizient sind, sie haben weder Castro noch Saddam umzubringen vermocht, und es ist eine Schande, daß man überhaupt noch daran denkt, öffentliche Gelder für sie auszugeben. Zum anderen, weil die Prämisse nicht stimmt: Was die Serben tun, ist nicht allein auf den Irrsinn einer Diktatur zurückzuführen, sondern speist sich aus tausendjährigen ethnischen Haßgefühlen, die sie mit anderen Völkern des Balkans teilen, was das Problem noch dramatischer macht.

Kehren wir also zur Frage der Nützlichkeit des Krieges zurück. Worin bestand jahrhundertelang das Ziel dessen, was wir den Krieg nach alter Art nennen können? Es bestand darin, den Gegner so zu besiegen, daß man einen Vorteil aus seiner Niederlage ziehen konnte. Das setzte dreierlei voraus: erstens, daß dem Feind verborgen blieb, über welche Kräfte man verfügte und welche Absichten man verfolgte, so daß man ihn überraschen konnte; zweitens, daß es innerhalb des eigenen Lagers eine starke Solidarität gab, und drittens, daß man alle verfügbaren Kräfte ins Feld führen konnte, um den Feind zu vernichten. Deswegen wurden im Krieg alter Art (zu dem auch der Kalte Krieg gehörte) diejenigen hingerichtet, die aus dem eigenen Lager Informationen an den Feind gaben (Mata Hari wurde erschossen, die Rosenbergs kamen auf den elektrischen Stuhl), die feindliche Propaganda wurde behindert (wer als Hörer von Radio London erwischt wurde, kam ins KZ, McCarthy verfolgte die Pro-Kommunisten in Hollywood), und bestraft wurden Landsleute, die im Feindesland Propaganda gegen ihr eigenes Land machten (John Amery hingerichtet, Ezra Pound lebenslänglich ins Irrenhaus eingesperrt), denn der Kampfgeist der Bürger durfte nicht geschwächt werden. Allen wurde unentwegt eingehämmert, daß der Feind besiegt werden müsse, und die Kriegsberichte jubelten, wenn sie berichten konnten, daß feindliche Kräfte vernichtet worden waren.

Diese Bedingungen sind schon beim ersten Krieg der neuen Art, dem Golfkrieg, in die Krise geraten, aber damals wurde die Sache noch auf die Dummheit der farbigen Völker geschoben, die amerikanische Journalisten in Bagdad duldeten, vielleicht aus Eitelkeit oder aus Bestechlichkeit. Heute gibt es keine Mißverständnisse mehr, Italien schickt Bomber nach Serbien, hält aber diplomatische Beziehungen zu Jugoslawien aufrecht, die Fernsehsender der Nato-Staaten melden den Serben Stunde für Stunde, welche Nato-Flugzeuge gerade in Aviano aufsteigen, serbische Agenten vertreten die Logik ihrer Regierung in unserem Staatsfernsehen, italienische Journalisten senden ihre Berichte aus Belgrad mit Unterstützung der lokalen Behörden. Ist das noch Krieg, wenn man den Feind im Hause hat, der Propaganda für die Seinen macht? Im Krieg neuer Art hat jeder Kriegführende den Feind im eigenen Hinterland, und da die Medien ständig dem Gegner das Wort erteilen, demoralisieren sie die Bürger (während Clausewitz betonte, daß die Bedingung des Sieges der moralische Zusammenhalt aller Kombattanten ist).

Im übrigen würden, auch wenn die Medien zum Schweigen gebracht worden wären, die neuen Kommunikationstechniken einen unaufhaltsamen Informationsfluß gewährleisten – und ich weiß nicht, wie Milosevic es schaffen soll, auch nur die Rundfunksendungen aus den feindlichen Ländern zu blockieren, ganz zu schweigen vom Internet.

All dies scheint nun einem schönen Artikel von Furio Colombo zu widersprechen, der am 19. April in der *Repubblica* die These vertrat, McLuhans globales Dorf sei am 13. April 1999 gestorben, als in einer Welt der Medien, der Mobil- und Satellitentelefone, der Spione im Weltraum und so weiter, man von einem primitiven Feldtelefon eines Angestellten einer internationalen Presseagentur abhängig war und nicht zu klären vermochte, ob tatsächlich serbische Truppen in albanisches Gebiet eingedrungen waren. »Wir wissen nichts über die Serben. Die Serben wissen nichts über uns. Die Albaner können nicht über das Meer von Köpfen sehen, das sie umgibt. Mazedonien verwechselt die Flüchtlinge mit Feinden und knüppelt sie nieder.« Also wie nun, ist das ein Krieg, in dem jeder alles über die anderen weiß oder in dem niemand etwas kapiert? Beides zugleich.

Die Lage im Innern ist transparent, während die Außengrenzen undurchsichtig sind. Milosevics Agenten sprechen im italienischen Fernsehen, während an der Front, dort, wo die Generäle einst mit dem Feldstecher auf die andere Seite spähten, niemand etwas Genaues weiß.

Warum das so ist? Wenn der Krieg alten Schlages das Ziel hatte, möglichst viele Feinde zu vernichten, scheint es für den Krieg neuen Schlages typisch zu sein, daß man bemüht ist, möglichst wenige Feinde zu töten, da man sich sonst den Unmut der Medien zuziehen würde. Im Krieg neuen Schlages ist man nicht darauf bedacht, den Feind zu vernichten, denn die Medien machen uns sensibel für seinen Tod; der Tod ist nicht mehr ein fernes unbestimmtes Ereignis, sondern eine unerträgliche visuelle Evidenz. Im Krieg neuen Schlages bewegt sich jede Armee im Zeichen des Opfertums, Milosevic beklagt schreckliche Verluste (Mussolini hätte sie schamhaft verschwiegen), und wenn ein Jagdbomber der Nato abstürzt, sind alle ganz betroffen. Kurzum, im Krieg neuen Schlages verliert, jedenfalls in der Gunst des Publikums, wer zuviel getötet hat. Daher ist es ganz folgerichtig, daß an der Grenze nichts passiert und niemand etwas vom anderen weiß. Letztlich steht der Neu-Krieg im Zeichen der »intelligenten Bombe«, die den Feind vernichten soll, ohne ihn zu töten, und man versteht unsere Minister, wenn sie sagen: »Wir, Gefechte mit dem Feind? Aber nein, nicht im mindesten!« Daß dann trotzdem eine Menge Leute sterben, ist technisch gesehen irrelevant. Ja, es ist eher der Fehler des Neu-Krieges, daß Leute sterben, ohne daß man gewinnt.

Kann es wirklich sein, daß niemand einen Krieg neuer Art zu führen versteht? Jawohl, niemand, das ist ganz natürlich. Das Gleichgewicht des Schreckens hatte die Strategen auf einen Atomkrieg vorbereitet, aber nicht auf einen dritten Weltkrieg, in dem es darum geht, Serbien das Kreuz zu brechen. Es ist, als ob man die besten Zöglinge des Polytechnikums fünfzig Jahre lang mit Computerspielen beschäftigt hätte. Würde man ihnen dann heute den Bau einer Brücke anvertrauen? Aber schließlich ist die letzte Posse des Neu-Krieges nicht, daß es heute niemanden gibt, der alt genug ist, um das Kriegführen gelernt zu haben – und es könnte ohnehin keinen geben, da der neue Krieg ein Spiel ist, in dem man per definitionem immer verliert, auch weil die verwendete Technologie komplexer ist als das Hirn derer, die sie bedienen, und ein simpler Computer, obwohl im Grunde ein Idiot, mehr

Streiche spielen kann, als sein Benutzer sich vorzustellen vermag.

Kein Zweifel, man muß gegen die Verbrechen der serbischen Nationalisten einschreiten, aber vielleicht ist Krieg eine stumpfe Waffe. Vielleicht liegt die einzige Hoffnung in der menschlichen Habgier. Wenn der alte Krieg die Kanonenhändler reich machte und ihr Profit den vorübergehenden Stillstand einiger kommerzieller Tauschprozesse in den Hintergrund treten ließ, stürzt der neue Krieg, auch wenn er erlaubt, einen Überschuß an Waffen abzusetzen, bevor sie obsolet werden, eine Vielzahl von Industrien in die Krise: die des Luftverkehrs, des Tourismus, der Medien selbst (die Werbeeinnahmen verlieren) und allgemein die gesamte Wohlstands- und Überflußproduktion. Wenn die Waffenindustrie einen Spannungszustand benötigt, braucht die Wohlstandsindustrie Frieden. Früher oder später wird ein Mächtigerer als Clinton und Milosevic »Basta!« sagen, und beide werden nicht zögern, ein bißchen Gesicht zu verlieren, um den Rest zu retten. Das mag traurig sein, aber es ist wahr.

1999

II

Geliebte Gestade

Italienische Binnenansichten

Wer hat für Andreotti gestimmt?

Ich bin zur Zeit in Amerika und verfolge die italienischen Ereignisse mit einem Tag Verspätung, da unsere Zeitungen hier erst am folgenden Morgen eintreffen (das Neueste erfährt man nur, wenn man zufällig irgendwo die Abendnachrichten der RAI empfangen kann). Also sehe ich jeden Morgen die *New York Times* durch. Aber die berichtet, von Ausnahmefällen abgesehen, über Italienisches, wenn überhaupt, nur auf ihren zahllosen inneren Seiten, und so muß man zuerst das Verzeichnis der internationalen Nachrichten auf Seite 2 durchsehen. Am Sonntag, den 28. März, kam dort Italien nicht vor. Erst beim Blättern fand sich auf Seite 7 eine Spalte über Andreotti, wie üblich präzise und gut informiert.* Am Dienstag, den 30., suchte ich erneut nach einschlägigen Meldungen, fand aber unter den Kurztiteln des Verzeichnisses keinen über Italien, nur unten stand zwischen kleinen Notizen ohne Titel: »Der italienische Skandal, ein B-Picture-Movie, S. 10.« Demnach werden die Fortsetzungsfolgen des italienischen Dramas inzwischen nicht mehr als besondere Neuigkeiten betrachtet, sondern als eine Art Seifenoper, die mittlerweile recht langweilig und voraussehbar geworden ist und der man bestenfalls eine amüsiert-sarkastische Glosse widmet. Tatsächlich versuchte die betreffende Glosse zu ergründen, wie es möglich ist, daß in unserer Bananenrepu-

* Am 27. 3. 1993 war gegen Ex-Ministerpräsident Giulio Andreotti offiziell Anklage wegen Beteiligung an der Mafia erhoben worden (A. d. Ü.).

blik die für Erdbebenopfer bestimmten Gelder irgendwo versickern und die Minister, die das Paket der Anti-Mafia-Gesetze geschnürt haben, mit den Stimmen der Mafiosi gewählt worden sind.

Versuchen wir, die Torts und die Schandflecken gleichmäßig zu verteilen. Die Amerikaner wissen genau (vergessen es aber gern), daß es auch ihre Schuld ist, wenn in Italien während der letzten vierzig Jahre geschehen ist, was geschehen ist – so wie es ihre Schuld ist, wenn sie, um die Kubaner niederzuhalten, jahrzehntelang die übelsten Diktaturen Mittelamerikas finanziert haben. Es ist, als ob sie uns sagten: »Ja, stimmt schon, wir mußten euch doch beschützen, aber es ist eure Schuld, wenn ihr es geduldet habt.« Jetzt entrüsten sie sich, aber vorher haben auch sie es geduldet. Wollte man ein bißchen Hintergrund- und Strippenzieherkunde betreiben, könnte man sogar insinuieren, daß die Amerikaner auch die KPI finanziert haben, denn eine starke KP garantierte, daß Italien dem westlichen Lager treu blieb, während ein Italien ohne KP sich hätte einfallen lassen können, wie Frankreich eigene Wege zu gehen und womöglich die Karte der mediterranen Vorherrschaft auszuspielen, die natürlich pro-arabisch gewesen wäre, und dann ade mit Nato-Stützpunkten auf Sizilien.

Spiegelbildlich symmetrisch zu diesem Szenario der Amerikaner erscheint mir jedoch allmählich die Empörung unseres ach so tugendhaften Landes angesichts der diversen Fäulnisstellen, die nun jeden Tag entdeckt werden. Ich erinnere mich, daß vor zwei Jahren Bob Silvers, der Direktor der *New York Review of Books*, der Italien gut kennt und liebt, mich mit amerikanischer Treuherzigkeit fragte, wie es sein könne, daß die Italiener zwar bestens wissen, wer bei ihnen Banken beraubt, Bomben in

Züge legt und so weiter, aber dennoch nicht in der Lage sind, das Problem zu lösen. Ich antwortete ihm – und das war, wie gesagt, vor zwei Jahren –, daß es deswegen sein könne, weil die Mehrheit des Landes im Grunde einverstanden ist. *Daß* sie im Grunde einverstanden ist, wird durch die Wahlergebnisse bewiesen: Die Italiener haben seit vierzig Jahren für die Parteien gestimmt, die sie jetzt schmähen. *Warum* sie einverstanden sind, ist eine Frage, die mit der von Michel Foucault beschriebenen Dynamik der Macht erklärt werden muß: Da war nicht bloß eine Handvoll korrupter Politiker, die das Land ausbeutete, alle Bürger zogen mehr oder weniger Vorteile aus der Art, wie die Dinge liefen. Wie der kleine Ladeninhaber, der den Gangster bezahlt, damit er das Viertel beschützt: Er muß dafür etwas hinblättern, aber er weiß wenigstens, was er zu erwarten hat und wen er um Schutz bitten kann, falls ein Galgenvogel aus dem Nachbarviertel bei ihm auftauchen sollte.

Die Italiener wußten, zu wem sie gehen mußten, um eine Gunst zu erbitten, was sie kostete, was zu tun war, um eine Strafe nicht bezahlen zu müssen, wie man mit Hilfe eines Empfehlungsbriefs eine nicht allzu mühsame Arbeit fand, wie man öffentliche Aufträge bekam, ohne schwierige Ausschreibungen zu gewinnen ... Mit einem Wort, es paßte ihnen ganz gut so, wie es war, und deswegen gaben sie ihre Stimme mit zugehaltener Nase ab. Wer, bitteschön, hat denn die ganzen Jahre für Andreotti gestimmt? Die paar armen Teufel von *Il Manifesto**?

Heute sind mindestens 95 Prozent des Landes entrüstet und schreien »Dieb«, wenn sie einen Abgeordneten auf der Straße erkennen. Haben sie alle die Radikalen gewählt?

* *Il Manifesto*: unabhängige linke Tageszeitung (A. d. Ü.).

Haben sie öffentliche Gesundheitskomitees gebildet? Haben sie sich schon damals empört, aber dann alles runtergeschluckt? Nein, wir erleben derzeit nicht die Revolte eines gesunden Landes gegen eine Handvoll korrupter Machtpolitiker, sondern wir müssen die Gewissensprüfung eines mehrheitlich korrupten Landes in Angriff nehmen. Es darf nicht wieder heißen wie am 25. April: »Ich war nicht dabei auf der Piazza Venezia ...« Und wo warst du, als die Brüder Rosselli in Frankreich umgebracht wurden? Wo warst du, als Matteotti ermordet wurde? Was hast du gesungen, als Starace »Facetta nera« sang?*

1993

* Anspielungen auf die Zeit des italienischen Faschismus, für deren Ende der 25. April 1945 als Tag der Befreiung steht: Auf der Piazza Venezia in Rom wurde Mussolini regelmäßig von den Massen bejubelt; die Brüder Carlo und Nello Rosselli wurden 1937 als antifaschistische Widerstandskämpfer in Frankreich ermordet; die Ermordung des sozialistischen Abgeordneten Giacomo Matteotti am 10. Juni 1924 gab das Startsignal zur Errichtung der unumschränkten Diktatur Mussolinis; Achille Starace war 1931-39 Generalsekretär der Faschistischen Partei, und »Faccetta nera« war eine bekannte faschistische Hymne (A. d. Ü.).

Wozu sich ums Fernsehen prügeln?

Die Debatte kommt immer wieder auf, aber in diesen Wochen wird sie besonders heftig geführt. Thema: die politische Rolle des Fernsehens, ob man durch Besetzung des Bildschirms einen entscheidenden Einfluß auf die öffentliche Meinung gewinnt. Es liegt auf der Hand, daß die Diskussion immer dann auflebt, wenn die Verteilung der Claims in Frage gestellt wird: Jemand läuft Gefahr, Kanäle zu verlieren, für die er teuer bezahlt hat, andere besetzen erobertes Terrain. In der Annahme, daß das eigentlich Interessante nicht die taktische, sondern die strategische Macht ist, die das Fernsehen verleihen kann (die Fundierung eines starken und dauerhaften Konsenses), wollen wir einmal versuchen, ein Gedankenexperiment zu machen. Ein Historiker des Jahres 3000 könnte (anhand von Büchern, Zeitungen, Videoaufzeichnungen, Polizeiberichten, Gerichtsurteilen etc.) zu folgenden Schlüssen kommen.

In den fünfziger Jahren und einem Großteil der sechziger wurde das italienische Fernsehen von der Democrazia cristiana beherrscht. In Sachen Moral war es darauf bedacht, keine verwirrenden Nuditäten zu zeigen, es kultivierte eine atlantische und konservative Sicht der nationalen und internationalen Politik, es strahlte häufig Gottesdienste und erbauliche Sendungen aus, es zeigte Fernsehhelden mit kurzen Haaren, Krawatten und guten Manieren. Außerdem achtete es darauf, nicht allzuviel von der Resistenza zu sprechen, um sich keine Feinde auf der Rechten zu machen. Alle zwischen 1945 und 1950 geborenen Italiener sind mit diesem Fernsehen aufgewachsen. Ergebnis: dieses Fernsehen hat die Generation der Achtundsechziger erzeugt – lange Haare, sexuelle Freizügigkeit, Kämpfe für Scheidung und Abtreibung, Haß auf das System, Antiklerikalismus, die Resistenza als Ideal, aktuell wiederzufinden in Bolivien oder in Vietnam.

Dann kam nach und nach das parteipolitisch aufgeteilte Fernsehen: Im Bereich der Sitten und Bräuche gelangte es Schritt für Schritt dazu, nackte Busen zu zeigen (und spätabends auch geheimere Körperteile), es gab sich vorurteilslos, sarkastisch, streitsüchtig, respektlos gegenüber den Institutionen. Und auf dieser Grundlage produzierte es eine Generation, die sich wieder auf religiöse Werte besinnt und vorsichtig mit der Sexualität umgeht. Im Umgang mit der Geschichte hat es etwa ab Mitte der sechziger Jahre die Resistenza zum Gründungsmythos der Republik erhoben und so oft wie möglich von ihr gesprochen – und dadurch eine Generation geschaffen, die nichts von Antifaschismus hören will und eher geneigt ist (zum Glück noch nicht in dramatischen Proportionen), auf die Sirenen des Revisionismus zu hören, wenn sie sich nicht an Rassismus und Antisemitismus ergötzt.

Auf der politischen Ebene predigte dieses Fernsehen, auch wenn es sich in drei Kanäle aufteilte, die ideologisch unterschiedlich sein wollten, den Respekt für eine politische Klasse, die sich auf dem Bildschirm zeigte, so oft sie konnte, und durch diese Dauerpräsenz ihres Bildes sowohl ihre Macht wie auch ihre (vermeintliche) Popularität immer neu bestärkte. Ergebnis? Ein Teil der Bürger rebellierte autonom gegen diese politische Klasse, indem sie den Separatismus der Lega Nord unterstützte, alle anderen zögerten nicht, kaum daß sich ein Riß im Gefüge auftat, die Staatsanwälte und Richter als ihre Rächer zu begrüßen, und begannen, faule Eier (nicht nur metaphorisch) auf jene Politiker zu werfen, die sie aus dem Fernsehen kannten, sobald sie ihnen auf der Straße begegneten.

Unser Historiker des Jahres 3000 könnte sogar den übereilten Schluß ziehen, das christdemokratische Fernsehen habe das größte je dagewesene Wachstum einer Kommunistischen Partei in Westeuropa erzeugt, und der schrittweise Zugang der Kommunisten zur Kontrolle der Fernsehkanäle habe den Niedergang ihrer Partei verursacht.

Sollte unser Historiker in einer Epoche starker und barbarischer Religiosität leben, so würde er aus alledem schließen, das Fernsehen müsse das Reich des Bösen gewesen sein, ein wildes Ungeheuer, das jeden verschlang, der es zu erobern und zu reiten versuchte, oder einfacher, dieses Medium habe jedem, der auf seinen Bildschirmen erschien, schreckliches Unglück gebracht. Sollte er dagegen eher zur analytischen Vernunft und zur Formulierung wissenschaftlicher Hypothesen neigen, so wird er sagen, dieses aufdringliche Medium habe vielleicht einen gewissen Einfluß auf das Denken der Leute im Hinblick auf den Konsum gehabt, aber gewiß nicht im Hinblick auf die Leidenschaften und die politischen Entscheidungen.

Er wird sich also konsterniert fragen, warum so viele Kämpfe um den Besitz dieses Mediums geführt worden sind, und wird zu dem Schluß gelangen, die Menschen unseres Jahrhunderts hätten die Massenmedien nicht verstanden.

1993

Die verschwimmenden Ränder der Resistenza

Als ich ein Kind war, erzählte mir mein Vater oft von seinen Erlebnissen im Ersten Weltkrieg, und eine der Geschichten, die mich am tiefsten beeindruckten, war die des Rückzugs von der Isonzofront im Oktober 1917. Sie waren tagelang marschiert, ohne nachts zu schlafen, und mein Vater versicherte mir, er habe nur durchgehalten, weil ein großer starker Kamerad ihm erlaubt hatte (ihm, einem schmächtigen und erschöpften Jungen), ein paar Stunden lang auf seine Schulter gestützt zu marschieren. Mein Vater schlief mit dem Kopf und bewegte im Schlaf die Beine. Offenbar ist das möglich, wenn man überleben will.

Dann waren sie zu einer großen verlassenen Villa gekommen, sicher auf italienischem Gebiet. Als erstes hätte man nun von diesen übermüdeten Männern erwartet, daß sie sich auf die Betten warfen, auf die Teppiche oder die Tische, um sich auszuschlafen. Statt dessen begannen einige von ihnen, als hätten sie einen Feind besiegt, die Möbel zu zerschlagen und die Spiegel zu zertrümmern, sie rissen die Schränke auf und ruinierten eine komplette Damengarderobe mit Kleidern und Unterröcken, die sie sich johlend über ihre Uniformen zogen.

Was für Leute waren diese Soldaten? Einige von ihnen, die später an die Front zurückgeschickt wurden, werden sich unter die sechshunderttausend Toten jenes Krieges eingereiht haben. Soll heißen, es waren brave Jungen, Leute wie du und ich, die sich in die militärische Disziplin gefügt hatten und von neuem gefügt haben würden. Aber der Krieg ist ein wildes Tier, das jedes Moralgefühl niederwalzt, und wir haben im Lauf der Geschichte sonst hochherzige Kämpfer gesehen, die sich zum Plündern und Vergewaltigen hinreißen ließen. Mein Vater erzählte mir die Geschichte mit Abscheu, aber ich fühlte mich nicht berechtigt, jene Soldaten zu verurteilen, da ich den Rückzug von der Isonzofront nie mitgemacht habe.

Diese Dinge kommen mir in den Sinn, wenn jetzt wieder einmal – mit geradezu jahreszeitlicher Regelmäßigkeit – Anklage gegen die Resistenza erhoben wird, wie üblich indem man beweist, daß es in ihr schlimme und schändliche Taten gegeben hat. Natürlich hat es die gegeben! Man kann doch von Leuten, die jeden Moment erschossen zu werden riskierten, nicht immer Besonnenheit und Kontrolle der Nerven verlangen, sie waren anfangs bunt zusammengewürfelte Banden, in die sich (wie in jedem Bürgerkrieg) allerlei Profiteure und Opportunisten einschlichen und in die manche nur gerieten, weil sie auf dieser Seite des Hügels wohnten, während sie, hätten sie auf der anderen gewohnt, vielleicht den Reizen von Mussolinis »Sozialer Republik« erlegen wären. Partisanengruppen, in denen (wie der Partisan Giorgio Bocca mehrfach betont hat) zwar viele Idealisten waren, die ihrem Begriff von Ehre folgten, aber auch einige Abenteurer und Desperados, die sich einen Gewinn versprachen. Ich war damals ein kleiner Junge und erinnere mich an beide Typen, auf beiden Seiten; und ich kann versichern, daß die Desperados kinderleicht zu erkennen waren und oft ganz zwanglos die Seite wechselten.

Wenn jeder Krieg und erst recht jeder Bürgerkrieg solche Vermischungen und Überschneidungen erzeugt, was ist dann die Aufgabe des Historikers, der diese Dinge schon vorher weiß? Gewiß hat der Historiker alle möglichen

Dokumente zu sammeln, auch die geringfügigsten, und es ist sein Beruf, in einem Archiv zu entdecken, daß ein Individuum namens Soundso zu der und der Zeit das und das getan hat. Aber wenn der Historiker nichts weiter als dies täte, wäre er bloß ein Sammler von Daten über die Vergangenheit, also bloß ein Zulieferer des Historikers. Der wahre Historiker ist derjenige, der diese Daten zu einem allgemeineren Mosaik zusammenzufügen sucht und sich bemüht, das Einzelereignis in einem globalen Rahmen zu sehen, indem er seine Ursachen und seine Auswirkungen auf spätere Ereignisse identifiziert und es schließlich eben »historisch« bewertet. Es ist eine Sache, zu wissen, daß jemand während der Französischen Revolution jemand anderen, dem er Geld schuldete, denunziert und unter die Guillotine gebracht hat, und es ist eine andere, den »Sinn« der Französischen Revolution historisch zu bewerten.

Mir scheint, daß die alle Jahre wieder ausbrechenden Polemiken gegen die Resistenza die Vergangenheit so behandeln, wie der Journalismus die Gegenwart behandelt, die sich nur stückweise und in Einzelereignissen aufzeigen läßt – es sei denn, das Einzelereignis wird stillschweigend zum Exempel erkoren und das Urteil über dieses Exempel wird unerlaubter-, aber fatalerweise zum Urteil über eine Epoche, eine Gruppe oder eine Gesellschaft.

Ich weiß, wir haben Sommer, und da muß man auf Teufel komm raus irgendwas erfinden, um gelesen zu werden. Aber jener düstere, große, schreckliche und nicht wegzudiskutierende Moment, den Italien nach dem September 1943 durchgemacht hat, verdiente doch, von einer höheren Warte und mit einem verantwortlicheren Pietätsgefühl betrachtet zu werden.

1993

Meine Schulaufsätze über den Duce

Thema: »Warum vergeßt ihr in euren Nachtgebeten den König, den Duce und das Vaterland nicht?« Ausführung: »In meinen Gebeten nenne ich den Duce... weil immer Er es ist, der den ersten Spatenstich tut... Er hat den Marsch auf Rom angeführt und die Umstürzler aus Italien vertrieben, Er hat das Land mächtig, gefürchtet, schön und groß gemacht.« Von wem stammen diese Sätze, die für den ersten Durchgang der *Agonali della Cultura*, der landesweiten Kulturwettkämpfe des Jahres XVIII der Faschistischen Ära geschrieben wurden?

Und von wem stammen diese weiteren Sätze, die in den regionalen *Ludi Juveniles* des Jahres XX (1942) prämiert worden sind? »Da rückt auf der staubigen Straße eine Kolonne von Kindern vor. Es sind die *Ballila**, die stolz und frohgemut in der milden Sonne des aufbrechenden Frühlings marschieren, diszipliniert und gehorsam gegenüber den trockenen Kommandos ihres Offiziers... Es sind Jungen, die mit zwanzig die Feder mit dem Karabiner vertauschen werden, um Italien gegen die feindlichen Anschläge zu verteidigen. Jene Ballila, die man samstags durch die Straßen ziehen sieht... werden im rechten Alter zu treuen, unkorrumpierbaren Wächtern Italiens und seiner neuen Kultur... Wer stellt sich beim Anblick dieser Jungen vor, daß sie vielleicht in wenigen Jahren auf dem Schlachtfeld sterben können, mit dem Namen Italiens auf

* Die faschistische Jugendorganisation, ähnlich der Hitlerjugend (A. d. Ü.).

den Lippen? Immer war mein Gedanke: Wenn ich einmal groß bin, werde ich Soldat... Ich werde kämpfen, und wenn Italien es will, werde ich sterben für seine neue, heroische, heilige Kultur... Und mit der belebenden Erinnerung an die vergangenen Ruhmestaten, mit den Ergebnissen der gegenwärtigen und mit der Hoffnung auf die zukünftigen, vollbracht von den Ballila, die heute noch Kinder und morgen Soldaten sind, geht Italien weiter seinen glorreichen Gang der geflügelten Siegesgöttin entgegen...«

Nun erwartet jeder die maliziöse Enthüllung: Der Autor dieser Zeilen ist der Schwarze Ritter. Falsch. Der Autor dieser Zeilen bin ich, im Alter von acht beziehungsweise zehn Jahren.

Tatsächlich habe ich noch in Erinnerung, wie ich mich beim Schreiben fragte, ob man mir wohl glauben würde. Ich erinnere mich, daß ich mir die Frage vorlegte: »Aber liebe ich den Duce wahrhaftig? Wieso erwähne ich ihn dann nicht wirklich in meinen Gebeten? Bin ich vielleicht ein verlogenes und gefühlloses Kind?« Trotzdem habe ich diese Aufsätze geschrieben, und nicht aus Zynismus, sondern weil Kinder von Natur aus kleine Luder sind. Sie machen Lausbübereien, aber sie übernehmen die hehren Prinzipien, die ihnen die Umwelt eintrichtert, und bekennen sich zu ihnen.

Man war damals stolz auf die Uniform aus demselben Grund, aus dem man heute den Markenrucksack begehrt: um wie die anderen zu sein, um geachtet und bewundert zu werden. Ich war nicht zynisch damals, eher bin ich es heute, wenn ich denke, daß viele Kinder, die einen schönen Schulaufsatz über die Respektierung ihrer schwarzen Brüder und Schwestern schreiben, dies nur tun, weil sie glauben, dadurch gesellschaftliche Anerkennung zu finden. Gewiß, ich bin nicht so zynisch zu glauben, daß sie morgen alle Rassisten sein werden, und ich erkenne durchaus den Unterschied zwischen einem sozialen Druck, der das Kind dazu bringt, die Andersartigen zu respektieren, und demjenigen, der es in Mussolinis Reich dazu brachte, auf Abessinier zu schießen.

Doch gerade weil ich begreife, daß die Situation heute besser ist, kann ich denen nicht verzeihen, die meine Kindheit vergifteten, indem sie mir das Lob des Todes einzutrichtern versuchten. Zum Glück war der Versuch in rhetorischer Hinsicht dermaßen grotesk, daß wenig genügte, um mir diese ungesunde Lust am Untergang vergehen zu lassen.

Aber sind nur Kinder von Natur aus kleine Luder? Bemüht sich ein Achtzehnjähriger nicht nach Kräften, einen schönen Abituraufsatz über das Thema zu schreiben: »Beschreiben Sie, wie Leopardi es verstanden hat, seinen existentiellen Überdruß mit einem wachen Bürgerbewußtsein zu verbinden« (auch wenn Leopardi für ihn ein sinistrer Buckliger war)? Er hält sich die Nase zu und beschreibt.

Auch die Erwachsenen halten sich die Nase zu. Gewiß, die mit der neuen Rechten liebäugeln, suchen nach »gemäßigt« konservativen Garantien und träumen nicht von einer Rückkehr zu den Zeiten des Duce. Ich bin überzeugt, daß Berlusconi sich keineswegs wünscht, eines Tages im Schwarzhemd durch den Feuerkreis springen zu dürfen. Man verzichtet einfach nur auf den Mythos vom Mann, der den ersten Spatenstich tat, um sich auf den beruhigenderen Mythos von dessen Enkelin zurückzuziehen (deren Studienbuch ihr nicht einmal erlaubt, den ersten Klistierspritzenstich zu tun). Aber mir riecht das alles nach einer Regression in die Kindheit – diese Suche nach einem rettenden Wesen, das uns vor dem triumphierenden Umstürzlertum verteidigt und neuerlich die Kleinen und die Großen lehrt, welches die »gesunden« Gefühle sind, zu denen wir zurückkehren sollen.

1993

Eine TV-Show als Spiegel des Landes

Die Zeitungen melden, daß die TV-Sendung *La Corrida* im Begriff ist, mit fast sieben Millionen Zuschauern andere Unterhaltungssendungen, die sich für neuer und zeitgemäßer halten, in der Publikumsgunst zu überholen. Und jeder versucht diesen Erfolg zu erklären – den Erfolg eines Moderators, der vom Alter her im Ruhestand sein müßte, und einer Formel, die der gesunde Menschenverstand als längst veraltet ansehen würde.

La Corrida ist eine Sendung, in der sich Dilettanten mit allerlei Kunststückchen produzieren und das Publikum eine sadistische Freude daran hat, wie alte Männer den Steptanz probieren, Hausfrauen sich für Madonna halten und dergleichen mehr. Die antiken Circenses waren grausame Spektakel, die auf der fieberhaften Erwartung des angekündigten Todes von Gladiatoren (oder Märtyrern) beruhten. Die neuen Circenses machen sich darüber hinaus noch drei gegensätzliche Gefühle zunutze: ein Minimum an fröhlichem Mitleid mit den Ärmsten, die sich dem allgemeinen Gelächter aussetzen, die sadistische Freude an einem Schicksal, das im Unterschied zu dem des Märtyrers in den Circenses nicht erzwungen, sondern frei gewählt ist, und eine Art von uneingestandenem Neid gegenüber denen, die dafür, daß sie unter Hintansetzung aller Scham beschlossen haben, sich dem öffentlichen Hohn und Spott auszusetzen, Medienpräsenz und folglich, in einem pervertierten und scheußlichen Sinn, allgemeine Anerkennung erworben haben; so daß sie am nächsten Tag im Bäcker- und Metzgerladen beglückwünscht werden, ungeachtet der lächerlichen Figur, die sie gemacht haben, und nur im Gedenken daran, daß sie – wovon jeder träumt – im Fernsehen waren.

Das Geheimnis der TV-Sendung *La Corrida* (die, als sie vor vielen Jahren begann, vielleicht nur eine besonders kraß geschmacklose Sendung war) liegt darin, daß sie die Quintessenz des öffentlichen Lebens in Italien repräsentiert.

Die Sendung war grausam, als sie den alten Gockel als lächerliches Monster zeigte, als albernen Strahlemann, als Buckligen von Notre-Dame, als stolpernden, stammelnden Zwerg oder allzeit bereiten Kretin – in einem Land, in dem die Vorbildfiguren würdige Herren im dunklen Zweireiher waren, die bei Straßen- und Brückeneröffnungen Bänder durchschnitten und sich mit elaboriert-unverständlichen Sätzen ausdrückten. Damals hatte *La Corrida* ein begrenztes Publikum, das sich aus Freunden grober Studentenwitze und sadistisch grundierten Voyeuren zusammensetzte.

Heute hingegen spiegelt die Sendung voll und ganz den Zustand wider, in dem sich Italien befindet. Sie spiegelt seine Etikette wider, die Benimmregeln in einer Zweiten Republik, die aus lauter sich produzierenden Dilettanten besteht, aus Leuten, die ihre politische Unkultur vorführen, sich mit verstümmelten Sätzen, schiefen Metaphern, Barbarismen, falschen Zitaten und fehlerhafter Sprache hervortun und vor allem das traditionelle Politchinesisch nicht mit der gewöhnlichen Sprache, sondern mit dem Zotenreißen vertauscht haben, die Polemik mit der Beleidigung, den Fachausdruck mit dem derben Wort, und die im Glauben, sie sprächen so, wie sie essen, in Wahrheit so reden, wie sie rülpsen.

Die gewöhnlichen Leute (*la gente*, was früher als Beleidigung aufgefaßt worden wäre: »Ich *gente*? Ihre Frau Mutter ist vielleicht *gente*!«) versuchen ihrerseits, sich diesem neuen Stil anzupassen, und lechzen danach, im Fernsehen aufzutreten, wo sie dann ihre rasch zusammengeschusterte Bildung zeigen, für Verhaltensweisen gelobt werden, die früher nur in einem Psychiatrieseminar studiert worden wären, ihre Familienmiseren ausbreiten und Beifall bekommen, wenn sie sich so benehmen wie jener Typ, der sich nuschelnd und stotternd darüber beklagt, daß er nicht als Radiosprecher genommen worden ist – wie er glaubt, weil er ein Gummihütchen auf einem in der Tür gequetschten Finger trägt, weshalb er immerfort wiederholt: »Wegen einem Hütchen, wegen einem Hütchen ...«

In Barcelona gab es einmal (und gibt es, wie ich höre, noch immer, aber inzwischen sind die großen Interpreten verschwunden) die Bodega Boemia, eine Art Zimmertheater, in dem sich allerlei Leute zur Schau stellten (beziehungsweise dazu gebracht wurden, sich zur Schau zu stellen, indem man ihnen einredete, sie seien noch immer hochbeliebte Künstler): betagte Theaterveteranen, asthmatische achtzigjährige Sänger, von Arthritis geplagte fast hundertjährige Tänzerinnen, Soubretten, die nur aus Heiserkeit und Zellulitis zu bestehen schienen, und so weiter. Das Publikum – ein Drittel Nostalgiker, ein Drittel Horrorfreaks und ein Drittel snobistische Intellektuelle, die das Theater der Grausamkeit zelebrierten – klatschte sich die Hände wund, neigte in den erregtesten Momenten dazu, auf den Pianisten zu schießen, und die Ausführenden waren glücklich, weil sie spürten, daß die Zuschauer in gewisser Weise auf ihrer Seite waren, mit ihnen, für sie, wie sie.

Das öffentliche Leben in Italien scheint manchmal sehr

ähnlich dem der Bodega Boemia, es dominieren der Schrei und die Wut, die Unbeherrschtheit, die Ohrfeige, der Schaum vor dem Mund, und die Leute neigen immer mehr dazu, den Ereignissen so zu folgen wie einem Horrorspektakel mit buckligen Zwergen und noch aktiven, aber krampfadrigen Tänzerinnen. Warum also sollten wir uns über den Erfolg von *La Corrida* wundern? Die Sendung kommt als die Quintessenz alles übrigen daher, sie sagt uns immerfort, wer wir sind und was wir wollen, sie zelebriert nicht die Ausnahme, sondern die Regel.

Auf der anderen Seite ist sie auch der Triumph der Political Correctness und hat sich als Modell auch für »seriösere« Sendungen angeboten.

Das traditionelle komische Theater spekulierte stets mit dem Krüppel, dem Blinden, dem Stotterer, dem Kleinwüchsigen und dem Fettleibigen, dem Trottel, dem Schwachsinnigen und denen, die als schmachvoll geltende Berufe ausübten oder zu als minderwertig geltenden ethnischen Gruppen gehörten.

All das ist heute tabu geworden: Nicht nur die Nachahmung des wehrlosen Ausgestoßenen wird als beleidigend angesehen, selbst Molière könnte heute nicht mehr ironisch über die Ärzte herziehen, ohne daß sofort eine Liga zur Verteidigung derselben wütend gegen die versuchte Diffamierung protestierte.

Daher mußte eine Lösung gefunden werden, und sie *wurde* gefunden. Man kann den Dorftrottel nicht mehr karikieren, das wäre antidemokratisch, aber es ist überaus demokratisch, dem Dorftrottel das Wort zu erteilen, ihn aufzufordern, sich selbst darzustellen, live (oder in der ersten Person, wie genau die Dorftrottel sagen). Wie in den wirklichen Dörfern wird dabei die Vermittlung des kunstvollen Schauspiels übersprungen. Man lacht nicht über den Schauspieler, der den Betrunkenen nachmacht, man gibt dem Alkoholiker direkt zu trinken und lacht dann über seine Entwürdigung.

Darauf mußte man nur kommen. Man mußte sich nur darauf besinnen, daß zu den herausragenden Eigenschaften des Dorftrottels der Exhibitionismus gehört und daß die Zahl derjenigen, die bereit sind, zur Befriedigung ihres Exhibitionismus die Rolle des Dorftrottels zu spielen, Legion ist. Früher hätte ein zerstrittenes Ehepaar, über dessen elendes Gezänk jemand Scherze gemacht hätte, gegen die Verleumder Klage erhoben im Namen der traditionellen Maxime, daß schmutzige Wäsche in der Familie gewaschen wird. Aber wenn heute das Ehepaar selber nicht nur akzeptiert, sondern geradezu danach verlangt, seine triste Lage öffentlich ausstellen zu können, wer hat dann noch das Recht zu moralisieren?

Dies ist der wunderbare Paradigmenwechsel, dessen Zeuge wir sind. Es verschwindet die Figur des Komikers, der sich über den wehrlosen Behinderten lustig macht, und dafür steigt der Behinderte selbst auf die Bühne, stolz, seine Behinderung zeigen zu dürfen. Alle sind zufrieden: der Ärmste, der sich zur Schau stellt, der Sender, der eine Show produziert hat, ohne die Akteure bezahlen zu müssen, und wir, die wir endlich wieder über die Dummheit anderer lachen können, indem wir unseren Sadismus befriedigen.

Unsere Bildschirme wimmeln inzwischen von Analphabeten, die stolz auf den Gebrauch falscher Verbformen sind, von Homosexuellen, die ihresgleichen mit »alte Tunte« anreden, von betörenden Rasseweibern, die ihre verblühte Lüsternheit zur Schau stellen, von Sängern, die keinen Ton treffen, von Blaustrümpfen, die über »palingenetische Obliteration des menschlichen Unterbewußtseins« reden, von zufriedenen Gehörnten, verrückten Wissenschaftlern, unverstandenen Genies, Autoren auf eigene Kosten, von denen, die Ohrfeigen geben und denen, die sie erhalten, glücklich, daß am nächsten Morgen der Tabakhändler an der Ecke darüber spricht. Wenn der Dorftrottel sich mit Vergnügen zur Schau stellt, können wir ohne Gewissensbisse über ihn lachen.

1995

Wer waren diese Kelten?

Das Beunruhigendste an unserem aktuellen Sezessionismus ist nicht die kulturelle Grobheit von Bossi* (man trifft auf viel unkultiviertere Leute, ohne seinen unbestreitbaren Einfallsreichtum), sondern die Tatsache, daß viele, gerade in den wirtschaftlich blühendsten Teilen des Landes, seine Theorien übernehmen, ohne zu merken, daß sie in krassem Widerspruch zu dem stehen, was sie in der Schule gelernt haben sollten.

Grobheit für Grobheit, auf der Basis vager Erinnerungen: Die Kelten (die wir in der Schule als Gallier kennengelernt haben), sind in den Norden unserer Halbinsel eingewandert, aber im Westen kamen sie nur bis zum Po, denn schon in Alessandria widersetzten sich die Ligurer, ein barbarisches Volk, unkolonisierbar wie kein zweites, und im Osten blieb Venezien außen vor, denn dort saßen die Illyrer. Im Südosten erreichten die Kelten den berühmten Rubikon (der sich knapp nördlich von Rimini befindet, man muß nur auf die Hinweisschilder an der Autobahn achten), und im Südwesten gab es nach den Ligurern gleich die Etrusker, die sich die Toskana und einen Teil von Latium genommen hatten und nach Norden auch ins keltische Gebiet eindrangen.

Von den Marken abwärts lebten die italischen Völker (aber andere Illyrer gab es auch in Apulien), und an den Küsten des tiefen Südens lag Großgriechenland, wo in puncto multikultureller Vermischung so gut wie alles ge-

* Umberto Bossi, Chef der separatistischen Lega Nord (A. d. Ü.).

schehen sein muß. Jedenfalls wären Parmenides von Geburt und Pythagoras als Zugewanderter beide vollberechtigte italienische Bürger gewesen, was kein Schade ist. Gewissensfrage: Fühlen Sie sich lieber als Mitbürger von Pythagoras oder von Bossi?

Wäre also die Position der Sezessionisten im strengen Sinn ethnisch (und hätte sich nicht in der Zwischenzeit auch auf keltischem Gebiet, infolge des Durchzugs der Römer und dann diverser »Barbaren«, ein ethnisches Mischmasch gebildet, wie es schöner nicht sein kann), dann müßte ein wirklich »keltischer« Staat schon das obere Monferrat auslassen (soll heißen, den weiter unten liegenden Teil), er müßte auf ganz Ligurien und das Veneto verzichten und könnte sich höchstens noch die Emilia nehmen. Und wäre die Unterscheidung eine rein geographische (nur die Poebene), dann müßte das Ganze neu eingeteilt werden, womöglich indem man im Osten bis Comacchio geht und schon den Apennin bei Modena ausläßt.

In jedem Fall aber würde man nicht verstehen, wieso der neue Staat Padanien die Toskana, die Marken und Umbrien mit umfassen soll. Sieht man von den Etruskern ab, die sich inzwischen mit ein paar Chromosomen da- und dorthin verstreut haben, sind dies italische Regionen. Infolgedessen würde Padanien zu einem guten Teil aus Völkerschaften bestehen, die, gerade wenn es nie Italiener gegeben hat, die italischsten von allen sind und nichts mit den Kelten zu tun haben.

Spricht man dann aber in Begriffen von Blut und Rasse (was, wenn ich nicht irre, ein Lieblingsthema von anderen war, die unser Jahrhundert ins Verderben gestürzt haben), so muß man sagen: wenn es stimmt, daß im tiefsten Süden später zwar die Araber ankamen, aber auch die Normannen und die Franzosen, während im obersten Teil des Nordens sich sehr bald die quadrierten Legionen Roms installierten, zu denen auch die Vorfahren derer gehörten, die wir heute Neapolitaner oder Kalabrier nennen, dann könnte es sein, daß ein Sizilianer mit blauen Augen (und davon gibt es viele) mehr nordisches Blut als Bossi hat, der von einem sexprotzerischen Legionär sizilianischer Herkunft abstammen könnte, der sich, stationiert in Bergomum, mit einer lukanischen Dame vergnügt hätte, die berufsmäßig das Heer begleitete. Während eine meiner ligurischen Ahninnen sich mit einem Verwandten von Asterix gepaart haben könnte, so daß ich keltischer wäre als Bossi.

Wenn man eine keltische Einheit rekonstruieren will, müßte Padanien eine Partnerschaft mit den Galatern in Kleinasien eingehen und man müßte Bossi darauf hinweisen, daß die Kelten bis Istanbul gelangt sind. Und so hätte er, um die Sizilianer loszuwerden, sich die Türken ins Haus geholt! Natürlich beschwöre ich hier ein rassistisches Stereotyp, denn ich sehe nicht ein, wieso man in Padanien nicht auch all jene Türken willkommen heißen sollte, die heute fließend Deutsch sprechen, was bekanntlich eine erstklassige Lingua franca ist.

Wodurch wird nun aber dieses Mosaik von Ethnien, das sich Italien nennt, zu einer Einheit? Auch wenn man ein mythisches Bild der Kelten vorschlägt (doch um sie so sehr zu lieben, wie ich es tue, macht man besser eine Reise nach Irland), ist wirklich nicht einzusehen, warum ein Toskaner oder ein Umbrier sich damit identifizieren soll. Italiens Bedeutung ist eine rein kulturelle, keine rassische, ihre Wurzeln sind das römische Erbe, eine Sprache, die (zumindest auf literarischer Ebene) sowohl von Cielo d'Alcamo wie von Bonvesin de la Riva gesprochen wird, die Präsenz der Kirche, die natürliche Barriere der Alpen, ein politisches Ideal, das mit Dante, Petrarca und Machiavelli begann, hundertvierzig Jahre staatlicher Einheit, die eine gewisse Homogenität des Verhaltens über den ganzen Stiefel verbreitet hat, im Guten wie im Schlechten (von der Schul- und Hochschulreform Gentiles bis zur Fremdtümelei, vom Salesianer-Oratorium bis Tangentopolis, von der großen Oper bis zum Schlagerfestival von San Remo).

Aber vielleicht hat die Schule dies alles früher nur uns beigebracht, und den Grünhemden hat sie nichts davon gesagt. Dann würde die Sache anfangen, wirklich ernst zu werden.

1996

Bossi ist kein Gallier wie ich

Mit einer Gruppe von Freunden aus verschiedenen Ländern bereiten wir seit Jahren ein Handbuch vor, das die Kinder der ganzen Welt zur Toleranz erziehen soll, und das erste Problem ist dabei, zu erklären, wieso man die Andersartigkeit tolerieren kann und muß. Jawohl, denn zunächst muß man offen sagen, daß es Andersartigkeit gibt. Haben die Menschen einerseits alle das gleiche Herzkreislaufsystem, so haben sie andererseits nicht nur verschiedene Hautfarben, sondern selbst wenn sie die gleiche haben, verhalten sie sich auf unterschiedliche Weise je nach den Sitten und Gebräuchen.

Auf einem Kongreß letztes Jahr in Siena hatte der Althistoriker Zvi Yavetz aus Tel Aviv daran erinnert, wie gefährlich es sein kann, den Kindern diese Unterschiede zu verbergen (da sie später merken würden, daß wir gelogen haben). Man müsse im Gegenteil von diesen Unterschieden ausgehen und zeigen, wie sie überwunden werden können. Yavetz hatte die ethnischen Stereotype bei Cicero und Herodot analysiert, um darzulegen, daß solche Stereotype schon immer existiert haben, aber oft keine besondere Animosität verraten, sondern zu rhetorischen Zwecken benutzt wurden oder, wie bei Cicero, um die Richter in einem Prozeß zu überzeugen. Und er zitierte den Fall des Rutilius Namatianus, eines gallo-römischen Dichters im vierten bis fünften Jahrhundert, der in seinem Bericht über eine Reise von Rom nach Gallien erzählt, daß ihn ein Wirt in Falesia sehr übel behandelt habe, indem er ihm verdorbenes Essen zu einem erhöhten Preis servierte. Der Wirt war Jude, und schon bricht Rutilius in eine Schmährede gegen die Juden aus.

Yavetz hob hervor, daß Rutilius wirklich schlecht behandelt und betrogen worden sei, er habe allen Grund gehabt, sich zu beklagen, und habe zu einem damals gängigen rassistischen Stereotyp gegriffen, aber das hätte er auch getan, wenn der Wirt nicht Jude, sondern Sarde oder Grieche gewesen wäre; daher sei es nicht richtig, ihm Antisemitismus vorzuwerfen, wie es einige israelische Historiker täten. Es habe sich nur um eine »natürliche« Unduldsamkeit gegenüber dem Andersartigen gehandelt.

Yavetz ist Jude und konnte sich daher diese Absolution des Rutilius erlauben. Ich habe die Stelle wiedergelesen (*De reditu suo*, I, 381-398 – jawohl, diesmal ist das Verb »wiederlesen« keine lügnerische Koketterie, ich hatte diesen Text 1951 fürs Abitur vorbereitet), und ehrlich gesagt, Rutilius hat sich da etwas mehr als bloß einen Wutausbruch geleistet. Wenn jemand heute so etwas schriebe, schlüge der Oberrabbiner von Rom einen Krach, der gar nicht mehr aufhören würde, und er hätte einigen Grund dazu. Aber lassen wir Rutilius auf sich beruhen. Yavetz sprach von der fast biologischen Neigung, stets eine Sphäre der »unseren« gegen die aller »anderen« abzugrenzen. Die anderen brauchen gar nicht Zigeuner oder senegalesische Einwanderer zu sein, es genügt, daß sie ein paar Dutzend Kilometer von unserem Geburtsort entfernt geboren sind. Ich klage oft Schul- und Jugendfreunde als verdammte Astianer, Cuneeser oder Genueser an, weil sie nicht das Glück hatten, in Alessandria geboren zu sein. Aber wenn ich auf der Autobahn fahre, mit meinem in Mailand zugelassenen Wagen, und ein anderer Wagen mit Mailänder Nummer überholt mich rüpelhaft, dann sage ich nicht: »Ha, dieser Rüpel aus Mailand!« Hat der andere aber eine Nummer aus Alessandria, dann kann es mir schon passieren, daß ich »Ha, dieser Rüpel aus Alessandria!« sage. Ich fühle mich eben in solchen Fällen in meiner Eigenschaft als Autofahrer zur Gemeinschaft derjenigen mit Mailänder Nummer gehörig, und alle anderen, einschließlich der Bürger meiner Geburtsstadt, werden zu »anderen«.

Wir alle fühlen uns je nach den Umständen zu einer Sphäre gehörig (zu den Büchernarren, zu den 1932 Geborenen, zu den Okarinaspielern, zu den Leuten mit Schuhgröße 42), und aus dem je besonderen Blickwinkel empfinden wir die anderen als andersartig (die Bücherhasser, die Tattergreise oder die Grünschnäbel, die Gitarristen, die Großfüßler). Toleranz entsteht, wenn wir uns zivilisierterweise bewußtmachen, daß Gitarristen auch Menschen sind und daß es auch Gitarristen gibt, die Schuhgröße 42 haben und womöglich aus unserer Gegend stammen oder Django Reinhardt heißen.

Das schleichende Gift, das Bossis Predigt in unserem Lande verbreitet, besteht genau im Verwechseln des Zugehörigkeitsgefühls mit einer Aufforderung zur Intoleranz. Es besteht darin, daß man, um ihn zu widerlegen, gezwungen wird zu behaupten, es gebe keine Unterschiede zwischen einem Palermitaner und einem Turiner, während es doch sehr viele gibt; es besteht darin, daß wir gezwungen werden, unserem natürlichen und gesunden Stolz auf die ethnische Zugehörigkeit zu mißtrauen, um uns nicht als Rassisten zu fühlen; es besteht darin, daß wir rhetorisch dazu gedrängt werden, Italien als ein ethnisch homogenes Land zu definieren, was es nicht ist und niemals war seit der Zeit des Aeneas; es besteht darin, daß wir genötigt werden, jeder Affirmation der Andersartigkeit zu mißtrauen, wenn die Andersartigkeit (das Miteinander der

Verschiedenheiten) schön ist und prächtige Früchte zeitigt.

So wirft uns Bossi in einer Zeit, in der das Multikulturelle gefeiert wird (manchmal auch zu sehr), weit hinter Rutilius Namatianus zurück (der wenigstens, lieber Bossi, ein hochzivilisierter Gallier wie ich war und nicht ein struppiger Langobarde wie du).

1996

Fred Astaire und Ginger Rogers haben die italienische Politik erfunden

Ginger Rogers ist gestorben. Ich nehme an, die Nachricht bewegt die Angehörigen meiner Generation und die Kinogänger jeden Alters, die sie immer noch vor sich sehen, wie sie in schwereloser Grazie mit ihrem unvergeßlichen Fred Astaire über das Parkett schwebt. Aus der Distanz (und mit dem Blick) des Nachgeborenen mag man bemerken, daß Fred Astaire vielleicht begabtere Partnerinnen hatte und daß Ginger, wenn sie nicht tanzte, den schweren, ein bißchen prostatischen Gang von De Sica als Maresciallo in *Brot, Liebe und Phantasie* hatte. Aber was soll's? Die beiden waren das klassische Paar, und es waren ihre luftigen Walzer und ihr hingetupfter Steptanz, die jenen Mythos erschufen, der noch Jahrzehnte später den Fellini von *Ginger und Fred* faszinieren sollte.

Aber dies ist kein nostalgischer Nachruf. Denn mit Ginger und Fred, den wirklichen, hat sich jenes Modell des Lebens als Schau (oder Show) und der Schau als Leben durchgesetzt, das heute unsere Gesellschaft beherrscht. Auch wenn es die beiden nicht wußten und meinten, bloß ein Musical zu spielen.

Ein Musical ist bekanntlich ein Schauspiel, zuerst auf der Bühne und dann im Kino, bei dem die Personen ein bißchen sprechen und ein bißchen singen. Dies wäre schon Grund genug, um zu sagen, daß Musicals nicht wie das Leben sind, was allerdings auch für die Oper und die Operette gilt.

Das amerikanische Musical hat noch ein weiteres Merkmal: Während die Oper sich kein Gewissen daraus macht, daß ihre Personen singen anstatt zu sprechen, und es problemlos hinnimmt, daß eine schwindsüchtige kleine Näherin hohe Töne ausstößt, die inkompatibel mit dem Zustand ihrer Lungen sind, will das Musical diese Absonderlichkeit rechtfertigen. Daher ist die Geschichte, die es erzählt, fast immer die einer Handvoll Leute, die dabei sind, ein Musical auf die Beine zu stellen.

Folglich spricht das Musical immer und seinem Wesen nach von sich selbst und ist somit das Modell jenes von den Literaturkritikern für ein postmodernes Phänomen gehaltenen Meta-Romans, in dem die Hauptfigur jemand ist, der gerade einen Roman schreibt, gewöhnlich den, den der Leser gerade liest.

Damit unterstellt das Musical jedoch bereits, daß das Leben ein Schauspiel ist, denn die Nöte und Mißgeschicke, die seine Protagonisten erleiden, betreffen die gewaltige und heroische Aufgabe, ein Schauspiel auf die Bühne zu bringen. Den Abend der triumphalen Premiere zu erreichen ist für Ginger und Fred so etwas wie für Achill der Sieg über Hektor oder für Odysseus die Eroberung Trojas. Als Leute, die sich ständig unmerklich auf der Grenze zwischen Schauspiel und Leben bewegen, wissen die Personen des Musicals nie, wann sie leben und wann sie schauspielern.

Das erklärt, warum Fred Astaire sich zu jedem galanten Rendezvous im Frack begibt und warum, wenn er Ginger in einem realistischen Film an den Bettpfosten festbinden müßte (oder sie ihn – und beide wild übereinander herfallen müßten, wie es ihnen ihr *basic instinct* geböte), er stattdessen mit ihr auf der Terrasse tanzt. Singend. Und sublimierend.

Die Größe und Grazie von Ginger und Fred lagen darin, daß sie, während sie sich lächelnd sagten, daß das Leben ein Schauspiel ist, stets in den Grenzen des Schauspiels blieben, ohne ins Leben überzugreifen. Womit ich meine: Fred Astaire ist es nie in den Sinn gekommen, für das Amt des Präsidenten der Vereinigten Staaten zu kandidieren, bloß weil er so unnachahmlich steppen konnte.

Entgegen der Absicht des göttlichen Paars hat seine Lektion jedoch recht andere Folgen gehabt. Was wir heute »Schau-Politik« nennen, ist nichts anderes als eine langsame Transformation des Grundprinzips, nach dem das Musical funktioniert. Bedenken wir nur, daß auch bei der hitzigsten politischen Diskussion im Fernsehen das Thema nicht mehr heißt: »Wie soll das Land regiert werden?«, sondern: »Wie inszeniert man eine gute politische Diskussion?« Diskutiert wird über die Regeln der Diskussion und über die möglichst gleiche Verteilung der Chancen.

Der Moderator bemüht sich zu zeigen, wie er unter Verwendung der raffiniertesten Techniken eine gute Diskussion moderiert. Tags darauf geben die Zeitungen ihre Urteile ab, sowohl über die Diskussion im ganzen wie über die einzelnen Tanzschritte der Diskutanten.

Während man früher einerseits lebte und Politik machte und andererseits ins Theater oder ins Kino ging, um denen zuzusehen, die einander Ohrfeigen gaben, macht man heute Politik, indem man einander Ohrfeigen gibt und auf den Beifall derer hofft, die in der Absicht, am politischen Leben teilzunehmen, vor der Mattscheibe hocken und denen zusehen, die einander Ohrfeigen geben.

Dies erklärt auch, warum das Repertoire der Politiker auf ein paar Grundformeln und starre Gedanken reduziert ist, und warum, nach dem Muster des Musicals, das Spiel der Mißverständnisse und Verwechslungen dominiert. Ginger glaubte immer, daß Fred ein anderer sei, und Fred, daß sie einen anderen liebe; beide taten alles, um das Mißverständnis hervorzurufen, und am Ende sorgte dann die Situation selber für das Dementi. Nicht anders kommt einem heute die Politik vor.

Mit einer letzten, unvorhersehbaren Folge: Auch die Zuschauer haben beschlossen, sich am Schauspiel zu beteiligen. Sie scheinen bei Meinungsumfragen über ihr Wahlverhalten gerne zu lügen. Und so sinkt der vermeintliche Sieger im Steptanzschritt in die Arme einer Ginger, die längst einen anderen liebt.

1995

Die achtziger Jahre waren grandios

Es vergeht kein Tag, an dem ich nicht irgendwo eine Klage oder Beschwerde über die dummen, unerträglichen achtziger Jahre lese. Man könnte meinen, all unser gegenwärtiges Ungemach sei damals entstanden, und wären wir direkt aus den Siebzigern in die Neunziger gesprungen, wären wir heute klüger.

Für sich betrachtet sind die Einteilungen nach Jahrzehnten, Jahrhunderten oder gar – wie sie jetzt groteskerweise vorgenommen werden – nach Jahrtausenden unsinnig oder jedenfalls grobschlächtig, aber sie haben eine Art von symbolischer Prägekraft, und man muß sie im Hinblick auf das akzeptieren, was sie in der populären Einbildungskraft bewirken. Auch die schulischen Lehrpläne und die Handbücher gehen nach Jahrhunderten und befassen sich mit so heiklen Problemen wie der Frage, ob Napoleon zum achtzehnten oder zum neunzehnten Jahrhundert gehört. Es ist wie bei der Einberufung zum Militär: Wer am 31. Dezember geboren ist, muß sterben gehen, wer am 1. Januar, darf leben bleiben. Außerdem ist es schwierig, Gefühlsurteile über Jahrzehnte abzugeben: Für einen, der seine erste große Liebe 1943 hatte, sind jene blutigen Jahre wunderbar und erregend gewesen.

Aber machen wir einmal das Spiel der Chronologien mit starren Kästchen. Die wichtigsten Jahre für das moderne Italien und vielleicht für die Welt sind die fünfziger gewesen (die natürlich im voraufgegangenen Jahrzehnt begannen). Jahre der Erneuerung in jeder Hinsicht, der Öffnung zur Welt und neuer, folgenreicher wissenschaftlicher

Entdeckungen. Europa teilt sich in zwei Lager, der Kalte Krieg beginnt. In den sechziger Jahren beginnen die neuen Generationen über die Ozeane zu fliegen, wie man früher im D-Zug fuhr, die Wirtschaft brummt, die Literatur und die Künste blühen, es kommen Johannes XXIII. und das Zweite Vatikanische Konzil. Daß in manchen Teilen der Welt Massaker geschahen, war auch eine Gelegenheit für große Politisierungen, aber den Grundton des Jahrzehnts gab zu Beginn Kennedy mit seinem Aufruf zur Eroberung der Sterne an; er starb bald darauf, aber das Jahrzehnt endet mit der Landung auf dem Mond. Und mit der Bewegung von Achtundsechzig, weltweit: Trächtig mit all den positiven und negativen Folgen, die sie im nächsten Jahrzehnt haben wird, bewirkt sie einen Ruck durch die ganze Gesellschaft, von der Arbeitswelt bis zur Kultur, von der Politik bis zum Lebensstil. Man kann nicht sagen, es sei eine uninteressante Zeit gewesen.

Die siebziger Jahre (die heute im Fernsehen wiederbeschworen werden, als seien sie die tollen Zwanziger gewesen) waren zumindest bei uns ein sehr düsteres Jahrzehnt. Sie beginnen Ende 1969 mit dem Bombenmassaker an der Piazza Fontana und enden mit der Ermordung Aldo Moros. Die Gesellschaft wird vom Terrorismus erschüttert, die Leute haben Angst, abends ins Restaurant zu gehen. Auch die aufgeklärtesten Geister verlieren die Orientierung und wollen es weder mit dem Staat noch mit den Roten Brigaden halten. Mit wem also dann? Um der neuen massenmedialen Potenz des Terrorismus entgegenzutreten, schlägt Marshall McLuhan, der Apostel des globalen Dorfes der Kommunikation, ein *Blackout* vor, sprich: die Zensur.

Danach kommen, wenn nicht aus anderen, aus chronologischen Gründen, die achtziger Jahre, von denen man heute bloß überall das aufsteigende Yuppietum und bei uns die verallgemeinerte Korruption sowie die Aufweichung der Ideologien sieht. Aber in fünfzig Jahren werden wir dieses Jahrzehnt als eines der wichtigsten des Jahrhunderts sehen, dasjenige, in dem sich – traumatisch, gewiß, aber unwiderruflich – die großen Knoten auflösen, die uns seit dem Ende des Ersten Weltkriegs in Starre versetzt oder fasziniert hatten, von den großen totalitären Utopien bis zum Kalten Krieg. Es beginnt die Auflösung der großen Imperien, Europa schickt sich an, seine politische Geographie zu verändern, viele Minderheiten werden, wenn auch mit riesigen Widersprüchen, offiziell anerkannt, die Parteien, die die politische Szene beherrscht hatten, beginnen sich nach ihrer Identität zu fragen, die klassische Aufteilung zwischen rechts und links restrukturiert sich (nicht nur der Marxismus gerät in die Krise und besinnt sich neu, im selben Jahrzehnt beginnt auch der selbstkritische Weg der extremen Rechten, auch wenn sich rechts von der extremen Rechten und links von der extremen Linken neue radikale Gruppen bilden), neue lagerübergreifende Initiativen entstehen, von der Ökologie bis zum Engagement in vielerlei Hilfsorganisationen. Zur selben Zeit beginnt in massiver Form die große Migration der Dritten Welt zur Welt des Wohlstands, und es kommt zu den (gewiß nicht friedlichen) Vorläufern der ethnischen Transformation Europas. Der Fall der Berliner Mauer ist das bloß noch symbolische Ereignis, das ein Dezennium epochaler Veränderungen krönt. Und schließlich, ob es gefällt oder nicht, setzt zu Beginn des Jahrzehnts eine gewaltige Revolution ein, deren Auswirkungen für die Zukunft wir gerade erst ahnen: Der *Personal Computer* tritt auf den Plan.

Kann man ein so entscheidendes Jahrzehnt mit einem

bedauernden Lächeln abtun, vielleicht genau jenes, in dem wir vom zwanzigsten zum einundzwanzigsten Jahrhundert übergegangen sind (ob dieses nun schön oder häßlich zu werden verspricht)? Kann man es nur im Licht seiner oberflächlichen Erscheinungsformen und seiner kurzfristigen Moden sehen, als hätten die fünfziger Jahre nicht auch ihr Dolce vita gehabt und die sechziger ihre entfesselten Tänze in psychedelischen Farben? Als würde man von den schrecklichen siebziger Jahren eines Tages nur noch in Erinnerung haben, daß damals die ersten Säle mit roten Lichtern eröffnet wurden?

1997

III

Erhabener Spiegel der wahren Sprüche

Verhaltens- und Redeweisen, Manien und Moden

Derrick
oder die Leidenschaft für das Mittelmaß

Die Derrick-Serie erfreut sich auch in Italien großer Beliebtheit. Im Licht des gesunden kritischen Menschenverstandes gäbe es keinen Grund, warum sie den Leuten gefallen sollte. Der Protagonist hat einen wäßrigen Blick und das traurige Lächeln eines geborenen Witwers, er trägt Anzüge von der Stange mit grauenvollen Krawatten, und seine Mitstreiter gehen in Lederjacken und Jeans, die nicht einmal richtig verwaschen sind. Die Innendekors stürzen noch den muntersten Possenreißer in unheilbare Betrübnis, und die Außenaufnahmen zeigen das Schlimmste, was Bayern zu bieten hat (dabei gäbe es dort wahrhaftig Besseres zu sehen).

Man könnte nun meinen, zumindest das detektivische Grundmuster der Geschichten sei originell und Derrick erobere sein Publikum durch Proben von außergewöhnlicher Intelligenz. Doch das Grundmuster hat, im Verhältnis zu den Detektivgeschichten von einst, nur eine sehr abgestandene Neuheit, die schon weidlich von der Columbo-Serie ausgeschlachtet worden ist: Das Publikum weiß sofort, wer der Täter ist und wie er die Tat begangen hat. Der Reiz besteht darin, zu sehen, wie der Polizist, der es nicht weiß, den Täter errät und ihn anhand sehr spärlicher Indizien dazu bringt, sich zu verraten.

Aber Columbo (der übrigens nicht schlechter als Derrick gekleidet ist, denn er pflegt einen Schlabberlook *avant la lettre*) bewegt sich mit seinen proletarischen Manieren in einer Welt schöner, reicher und mächtiger Kalifornier, die ihn wie einen Fußabtreter behandeln (wozu er sie ermuntert), in der Gewißheit, daß es diesem schäbigen Nachkommen zwielichtiger Immigranten nicht gelingen wird, ihre Deckung zu durchbrechen und die Barriere ihrer glänzenden Arroganz einzureißen. Columbo, der es versteht, scharfsinnige Bemerkungen über das zu machen, was für die anderen marginal ist, treibt sie mit psychologischen Tricks von perfider Raffiniertheit in die Enge und bringt sie schließlich zu Fall, indem er gerade ihren Dünkel ausnützt. Die Zuschauer genießen diesen Sieg des Pygmäen über die Elefanten und gehen zu Bett mit dem schönen Gefühl, daß einer, der genauso bescheiden und ehrlich wie sie ist, sie gerächt hat, indem er widerlich reiche, schöne und mächtige Leute bestraft.

Nicht so Derrick. Er hat es fast immer mit Leuten zu tun, die niedriger stehen und schlechter gekleidet sind als er, dazu noch psychisch labil und eingeschüchtert durch einen Vertreter des Gesetzes, wie es bei jedem guten Deutschen vorkommt. Seine Schuldigen sehen so unverschämt schuldig aus, daß sie gewöhnlich sogar von Harry erkannt werden (der offensichtlich ohne vorgängigen Intelligenztest in die bayerische Polizei aufgenommen worden ist), sie brechen fast sofort zusammen, es scheint, als ob sie geradezu danach lechzten. Wie kommt es dann, daß Derrick so gut gefällt?

In einem kürzlich erschienenen Sammelband mit dem Titel »Die Leidenschaften im TV-Serial«* sind die in den Serien *Beautiful*, *Twin Peaks* und eben *Derrick* verwendeten »Leidenschafts-Strategien« untersucht worden. Ich kann die Analyse des Derrick-Teils hier nicht im einzelnen

* *Le passioni nel serial TV*, hrsg. v. Omar Calabrese, Nuova Eri, 1995.

wiedergeben, sie füllt etwa dreißig Seiten, aber sicher ist, daß sie Antworten auf die oben gestellten Fragen gibt.

Für die einzelnen Folgen werden nie außergewöhnliche Fälle gewählt, sondern Vorkommnisse von der Art, wie sie auch im Lokalteil der Zeitungen stehen und jedem von uns passieren könnten. Deswegen ist es von grundlegender Bedeutung, daß weder strahlende Helden noch Erzbösewichter in ihnen auftreten. Sowohl der Gesetzesbrecher wie der Gesetzesvertreter sind stets von gegensätzlichen Leidenschaften zerrissen, von Verlangen nach Gerechtigkeit und nach persönlicher Rache, von Schuldgefühl und verständlicher Schwäche. Die Schauplätze dürfen nicht zu leicht wiedererkennbar sein, damit möglichst viele Zuschauer sich darin wie zu Hause fühlen können. Hinzu kommt ein Element, das ich zunächst gar nicht bemerkt hatte: Wie es scheint, benutzen die Personen in jeder neuen Folge immer die neuesten Automodelle, so daß der Zuschauer stets ein Klima vertrauter Alltagsaktualität vorfindet (den alten Karren von Lieutenant Columbo kann sich Derrick nicht leisten).

Derrick findet die Wahrheit am Ende nicht deshalb heraus, weil er so verteufelt intelligent ist, sondern weil er Verständnis für seinen Gesprächspartner hat: Er mißtraut ihm nie völlig und nimmt seine Sorgen ernst – und man bedenke den Unterschied zu Columbo, der immer allen mißtraut! Zwar bedauert auch Columbo am Ende wie Derrick, daß er den Schuldigen ruiniert hat, aber Columbo bedauert es, weil ihm in diesem Kampf zweier Intelligenzen der Gegner – so groß die Unterschiede zwischen ihnen auch sind – im Grunde fast sympathisch geworden ist. Derrick hingegen leidet am Ende, weil er den Schuldigen von Anfang an gemocht, ja wie ein Onkel geliebt hat.

Als Fazit heißt es im Schlußkapitel des erwähnten Sammelbandes, die Derrick-Serie sei ein »Vermittler zwischen Realität und Einbildung«, da sie »die erzählten Gefühle normalisiert und in ihren Zuschauern eine parallele Normalität heraufruft«. Sie sei »der Triumph der *mediocritas*, verstanden als ein ›In-der-Mitte-Stehen‹ und zu einem Wert geworden anstelle einer Anonymität«.

Jetzt versteht man, warum die Serie einen so großen Erfolg hat: Sie ist die Quintessenz aller TV-Spektakel, auch derer, in denen reale Personen auftreten, die nur geliebt werden, wenn sie sich auf triumphale Weise als noch mediokrer denn die mediokersten Zuschauer erweisen. Und es ist zwecklos, den Snob zu spielen: Derrick gibt allen ein gutes Gefühl, auch denen, die sich für überlegen halten, denn er läßt in jedem von uns die Mittelmäßigkeit wieder aufblühen, die wir glaubten verdrängt zu haben.

1995

In welchem Sinne Fußball eine sexuelle Perversion ist

In Argentinien zu sein, während dort gerade die Fußball-WM tobt, ist zweifellos eine Erfahrung. Besonders wenn Argentinien gewinnt. Zu Besuch wegen verschiedener Vorträge und Begegnungen, entdeckte ich eines Tages, daß alle meine Verpflichtungen gestrichen worden waren und ich einen ganzen Nachmittag frei hatte. Es war der Tag der Begegnung Italien – Norwegen, und es schien unmöglich, daß der Gast ein so großes Ereignis zerstreut übersehen haben könnte. Im übrigen wäre ich, was immer ich auch in jenen Stunden getan hätte, allein gewesen. Ganz Buenos Aires hockte vor dem Fernseher.

Deswegen habe ich den insistenten Fragen der Journalisten nicht ausweichen können. Dabei hatte ich mir das Spiel durchaus angesehen, es war ein schönes Spiel, und wenn man da mittendrin sitzt, kann man sich einem Minimum an Herzklopfen nicht entziehen, aber wenn man mich über Fußball befragt, ist es immer so, als befragte man mich über Dänemark. Dänemark ist ein entzückendes Land, ich bin mehrmals dort gewesen, habe es von Andersens Seejungfrau bis Helsingör und bis Jütland bereist und würde es gern wiedersehen. Aber ich kann nicht sagen, daß mich der Gedanke an Dänemark nachts nicht schlafen läßt und daß ich mir am nächsten Morgen von einem angeheuerten Spezialisten die dänischen Zeitungen übersetzen lasse. Ich bin zufrieden, daß es Dänemark gibt, und das genügt mir.

Versucht man zu erklären, welche Gefühle ein normaler

Mensch für den Fußball empfindet, erntet man häufig Unverständnis. Und so hat ein argentinisches Blatt der Versuchung nicht widerstanden, einen Artikel über mich mit der mir zugeschriebenen Erklärung »Fußball ist eine sexuelle Perversion« zu überschreiben. Ich hatte etwas Differenzierteres gesagt und habe es auch schon bei anderer Gelegenheit dargetan, aber ich will hier noch einmal versuchen, meinesgleichen zu erklären, was ich meinte.

Ich bin der Ansicht, daß ein normaler Mensch, solange er das entsprechende Alter hat, sich in der körperlichen Liebe betätigen sollte, und ich halte das für eine gesunde und schöne Tätigkeit. Sodann gibt es Fälle, in denen man anderen dabei zusieht, wie sie diese schöne Tätigkeit ausüben. Ich denke nicht unbedingt nur an Filme im Rotlichtviertel, es genügt ein normaler Film, in dem man zwei schöne Menschen sieht, die sich anmutig paaren. In den Grenzen des Maßvollen kann das eine befriedigende Erfahrung sein. Schließlich gibt es jene sexuell Verklemmten, die sich erregen, wenn sie jemanden erzählen hören, er habe in Amsterdam gesehen, wie es zwei miteinander trieben. Hier scheint mir die Grenze zur Perversion erreicht (außer in Fällen von offenkundigem Handicap, wenn man gezwungen ist, zu nehmen, was man kriegt).

Ich glaube, beim Fußball ist es ganz ähnlich. Fußballspielen ist eine schöne Sache, und ich bedauere nur, daß ich in meiner Kindheit und Jugend als Meister des Eigentors galt, weshalb ich zu wichtigen Spielen nie zugelassen wurde. Aber man kann auch versuchen, ein bißchen auf der Wiese herumzubolzen, und das ist gut für die Gesundheit. Sodann kommt es vor, daß es elf Freunde gibt, die besser spielen als man selbst, so daß es ziemlich erregend ist, ihnen beim Spielen zuzusehen. Ab und zu widerfährt mir das, und dann genieße ich es, als wäre ich in der Oper.

Schließlich gibt es jene Leute, die den ganzen Tag damit verbringen, sich bis zur Gefahr des Herzinfarkts darüber zu ereifern, was in den Zeitungen über Spiele steht, die sie womöglich gar nicht gesehen haben. Und hier scheint mir die Grenze zur Perversion erreicht (außer in Fällen von offenkundigem Handicap, wenn man gezwungen ist, zu nehmen, was man kriegt).

Nun könnte mir jemand entgegenhalten, das gleiche gelte auch, wenn man ins Theater, in die Oper, ins Konzert geht. Ob ich es etwa für eine minderwertige Ersatzhandlung hielte, wenn jemand hingeht, um sich die Musici oder Pavarotti anzuhören oder Vittorio Gassman zu sehen? In einem gewissen Sinne ja, nämlich wenn er niemals versucht hat, selber zu singen, ein Instrument zu spielen, wie dürftig auch immer, oder einen Text aufzusagen, sei's auch nur in der örtlichen Laienspielgruppe. Ich denke hier nicht an die marxsche Utopie einer befreiten Gesellschaft, in der jedermann Fischer und Jäger ist und so weiter, aber ich denke, wer einmal versucht hat, auch nur eine Okarina zu spielen, kann besser einschätzen, was Pollini tut. Nur wer hin und wieder, sei's unter der Dusche oder beim Blumengießen, *O dolci baci, o languide carezze* zu singen versucht (oder auch bloß *Eleanor Rigby*), kann die außerordentlichen Gaben eines großen Sängers würdigen. Wer nie versucht hat, *Für Elise* zu klimpern, ist weniger in der Lage, die Darbietung eines großen Pianisten zu genießen. Man muß im Leben auch einmal selber zu singen, zu spielen, zu rezitieren versuchen (womöglich nur mit einem schönen Auftritt beim Betriebsausflug), um besser genießen zu können, was die wirklichen Könner bieten. Und wenn dann jemand käme, der zwar nie in die Oper geht, aber die ganze Woche damit verbringt, die neuesten Kritiken über Pavarotti zu diskutieren, dann würde ich, auch wenn der Fall selten ist, von Perversion sprechen.

Das alles scheinen mir sehr simple Wahrheiten zu sein. Aber es ist ziemlich schwer, sie denen verständlich zu machen, die soviel Zeit mit Diskussionen über Fußball verlieren, daß sie keine Zeit mehr dafür haben, wenigstens sonntags mit ihren Kindern ein bißchen zu bolzen – womöglich unter Hinzuziehung einiger Kinder von anderen. Aber vielleicht bin ja ich hier der Perverse. Reden wir nicht mehr davon. Ich werde sobald wie möglich wieder nach Dänemark fahren.

1994

Die Zigarre als Botschaft

In einem Amerika, das sich auf allen Ebenen in die Schlacht gegen das Rauchen gestürzt hat, greift neuerdings die Mode des Zigarrenrauchens um sich. Erst vorgestern fand ich in einem Katalog für Geschenkartikel Dutzende neuer Accessoires für den Raucher verbotener Havannas, von einem Aschenbecher in passenden Dimensionen bis zu verschiedenen Arten von Futteralen und anderen Objekten von ausgesuchter Nutzlosigkeit, wie es sich für hochwertige Geschenke gehört.

Jedes gesellschaftliche Phänomen kann interpretiert werden, aber es gibt einige – besonders typisch dafür sind die Moden –, die als ausdrückliche Botschaften gelesen werden müssen, denn in solchen Fällen tut einer etwas, um eine Absicht mitzuteilen, und das tut er durch ein symbolisches Verhalten.

Wollte man das symbolische Verhalten ausschließen, blieben nur funktionale Erklärungen. Man probiere nur einmal zu behaupten, daß offensichtlich viele Leute noch gerne rauchen würden: Das stimmt sicher, aber es würde nicht erklären, warum die Gesellschaft sich tolerant gegenüber Zigarrenrauchern, nicht aber gegenüber den Zigarettenrauchern verhält. Die Zigarettenraucher drängen sich auf dem Bürgersteig vor den Eingängen öffentlicher Gebäude zusammen, vereint durch eine unerwartete Solidarität – du trittst hinaus und ziehst die Packung hervor, und sofort steht ein anderer Raucher vor dir und gibt dir komplizenhaft lächelnd Feuer –, die anderen sehen sie desinteressiert an, einige auch mit Unmut oder Verachtung, aber letzten Endes tun sie niemandem etwas Böses (obwohl in manchen Staaten davon die Rede ist, das Rauchen auch auf der Straße zu verbieten, zumindest tagsüber). Dagegen der Zigarrenraucher: Er zieht seine Trophäe nach dem Essen oder während einer Party ganz offen hervor, zumindest an Orten, wo er weiß, daß er toleriert wird, und sein Verhalten wird nicht als ungehörig oder störend empfunden. Mehr noch, wenn jemand eine Zigarette rauchen will, muß er warten, bis irgendwer eine Zigarre hervorzieht, und sich ihm dann gleichsam anschließen, nachdem er sich vergewissert hat, daß keiner der Anwesenden protestiert. Es genügt nicht zu sagen (wie manche es tun), daß die Zigarre weniger Schaden anrichte, da ihr Rauch nicht inhaliert werde, denn das ändert nichts am passiven Rauchen der anderen, und Zigarrenqualm verpestet die Luft noch mehr. Also was?

Eine Erklärung, die mir überzeugend erscheint, ist folgende. Der Kampf gegen das Zigarettenrauchen hat begonnen (und wird seitens der Behörden fortgesetzt) als ein Kampf für die Gesundheit. In diesem Sinne ist die Zigarette zu einem Symbol des Todes geworden. Aber die Polemik gegen das Rauchen hat sich sehr schnell in den oberen Klassen eingebürgert. Man raucht nicht mehr in Luxusrestaurants, man raucht nur noch in schmuddeligen kleinen Bars, und als erste ganz aufgehört (jedenfalls in der Öffentlichkeit) haben die Banker und Bosse, die Professoren, die Leute mit hohem Einkommen. Wer noch raucht, sind die Schwarzen, die Frauen der Mittel- und Unterschichten, die Alten, die Obdachlosen.

Daher ist der Unterschied immer mehr zu einem gesellschaftlichen geworden. Die Zigarette ist etwas für die Armen und jedenfalls für die Minderheiten. Mit der Zigarette ist dasselbe geschehen wie seinerzeit mit dem Kautabak.

Das Priemkauen ist nicht deswegen aus der Mode gekommen, weil es schlecht für die Zähne ist, sondern weil es einen nach spuckendem Sabbergreis aussehen läßt und den Atem verpestet – wer könnte sich einen Herrn im Smoking bei einer Premiere in der Scala vorstellen, der einen Priem kaut? Man tut es einfach nicht, und damit basta.

Die Zigarre dagegen hat keine proletarischen Konnotationen (es sei denn, es handelt sich um unseren knorrigen alten toskanischen Stinkstumpen). Die Zigarre ist teuer, sie erfordert Zeit und Muße, sie verbindet sich in der populären Ikonographie mit dem großen Magnaten, dem Mann der Macht, man schenkt sie zur Geburt eines Sohnes. Man schnorrt sich keine Zigarre, wie man sich eine Zigarette schnorrt; wenn einen jemand um eine Zigarette bittet, gibt man sie ihm ohne großes Getue; es kann sogar vorkommen, daß man ihm gleich die ganze Schachtel läßt, weil man noch eine andere hat, aber dadurch erscheint man weder besonders großzügig noch besonders wohlhabend. Zieht dagegen jemand sein Etui hervor und schenkt uns vier teure Zigarren, dann kommt es uns vor, als hätten wir's mit einem Potentaten aus anderen Zeiten zu tun, der sich einen Smaragdring vom Finger streift und ihn uns überreicht.

Deswegen raucht man in besseren Kreisen Zigarren. Sie sind das Mittel zur Ruinierung der Gesundheit, durch welches sich hochgestellte Selbstmorde auszeichnen, sie bringen einem den Tod nicht billig wie die Zigaretten der Armen. Infolgedessen werden sie von der Gesellschaft toleriert und im Innersten gebilligt.

Ach ja, ich vergaß noch eins zu erwähnen, etwas, das in Amerika so normal ist, daß es niemandem auffällt: Im Zentrum des Kampfes gegen das Rauchen, in den ebenso puritanischen wie hygienebewußten Vereinigten Staaten, dem Land, das als erstes die unheilschwangere Warnung des Gesundheitsministers auf die Zigarettenschachteln drucken ließ – in diesem Land werden die Zigaretten in den Apotheken verkauft.

1996

Warum gibt es Demonstrationen gegen Sex mit Kindern? Eine nicht zu unterschätzende Botschaft

Letzte Woche schrieb ich, daß jedes gesellschaftliche Verhalten interpretiert werden muß, erst recht aber jene Verhaltensweisen, die eindeutig Botschaften sind, wie in den Moden, wo jemand, der sich einen Smoking anzieht, das nicht tut, um sich vor der Kälte zu schützen, sondern um den anderen eine bestimmte Absicht mitzuteilen. Ebenso kann man sagen (darüber ist lange in den Jahren der »bleiernen Zeit« diskutiert worden, und mit den jüngsten Attentaten in Frankreich wird es wieder aktuell), wenn jemand irgendwo eine Bombe legt, tut er das nicht, um zufällig vorbeikommende Passanten zu töten, sondern um jemandem eine Warnung zukommen zu lassen. Mit anderen Worten – so sehr es uns schaudern lassen mag, daß zum Schreiben von Botschaften menschliches Blut wie Tinte benutzt wird –, bestimmte Verhaltensweisen sind kommunikative Akte und müssen als solche gelesen werden. Andere, zum Glück unblutige, sind zugleich Botschaften (die Leute wollen etwas ausdrücken) und Symptome (indem sie es so und nicht anders ausdrücken, wollen sie uns etwas zu verstehen geben).

Vor zwei Wochen gab es in Genua einen Marsch gegen sexuellen Mißbrauch von Kindern, eine Demonstration, die vor einiger Zeit auch in Belgien stattgefunden hatte. Was bedeutet das? Stellen wir gleich klar, daß Sex mit Kindern für jeden normalen Menschen etwas sehr Übles ist, und dieses Urteil soll hier nicht in Frage gestellt werden. Daß es nur für unsere heutige Zivilisation gilt und für die klassischen Griechen durchaus nicht so selbstverständlich war, ist eine andere Sache. Es hat Gesellschaften gegeben, die den Kannibalismus gerechtfertigt und ermutigt haben, aber unsere moderne Zivilisation verurteilt ihn, und wir alle sind damit einverstanden.

Was bedeutet es, massenhaft auf die Straße zu gehen, um gegen ein Verbrechen zu demonstrieren, das die Gesellschaft einmütig verurteilt? Anders gefragt, welche Bedeutung hätte eine Demonstration gegen Sexualmord, gegen Muttermord, gegen Kindesmord? Sie würde recht seltsam erscheinen, man demonstriert schließlich, um für etwas einzutreten, was die Mehrheit der anderen nicht anerkennt, also zum Beispiel für die Rechte einer Minderheit, für angemessene Renten oder gegen die Arbeitslosigkeit, aber eben weil man der Meinung ist, daß diese Rechte gewöhnlich mit Duldung der öffentlichen Gewalten verletzt werden.

Mag sein, daß der Marsch in Belgien einen Sinn hatte, weil man der Ansicht war, daß es dort eine Verantwortung oder zu geringe Überwachung seitens der Regierung gab. Aber hat es einen Sinn, gegen Sex mit Kindern in Italien zu demonstrieren, wo mir scheint, daß die öffentliche Gewalt das Verbrechen im allgemeinen verurteilt und bestraft und wo man (abgesehen von unkontrollierbarem Geschwätz) der politischen Klasse kaum vorwerfen kann, daß sie Kinderpornographie begünstigt?

Man wird sagen, es sei eine Demonstration der Solidarität mit den Eltern der Opfer gewesen, als welche sie auch empfunden wurde, und sicherlich gab sie sehr ehrenwerten Gefühlen Ausdruck. Aber wenn dem so wäre, gäbe es dann nicht noch viele andere Fälle, in denen wir zur Mobilisierung aufrufen müßten – gegen Diebstahl, gegen Ausbeutung, gegen die Droge, gegen zahllose Verhaltensweisen, die alle verurteilen?

Das Symptom ist interessant, und ich neige zu folgender Interpretation. Die großen Utopien sind zusammengebrochen (man demonstriert nicht mehr für eine künftige Revolution oder gegen ungerechte Kriege), aber der soziale Körper hat das Bedürfnis, sich in bestimmten Schlachten einig zu fühlen, Brüderlichkeiten zu entdecken, sich als aktiv Handelnder im gemeinschaftlichen Leben zu empfinden. Jedesmal wenn ein Thema aufkommt, das die allgemeine Sensibilität berührt (und der Abscheu vor sexuellem Mißbrauch von Kindern ist sicher ein solches), ergreift der soziale Körper die Gelegenheit, sich zu Wort zu melden, und jeder fühlt sich mit den anderen solidarisch – ja, im Unterschied zu den politischen Demonstrationen von einst fühlen sich alle jenseits der Ideologien und Religionen einig über ein moralisches Thema, über das man nicht diskutiert.

So bezeugen diese öffentlichen Paraden einerseits das tiefe Verlangen vieler, eine Einheit wiederzufinden, besonders in einem Moment, in dem das politische Leben mehr als gewöhnlich vergiftet erscheint, und diese Demonstrationen besagen: »Hört auf, euch über Fragen zu zerfleischen, die letztlich nur Kleinigkeiten sind, und einigt euch über die großen Themen!« Andererseits demonstrieren sie das kollektive Bedürfnis, da, wo es heute so schwierig erscheint, sich auf der einen oder anderen Seite einzureihen, das Wort zu ergreifen und die Stimme der Bürger hören zu lassen, nicht über Fragen der Klasse, des Berufsstands, der Gruppe oder der Konfession, sondern über solche, in denen sich der ganze soziale Körper einig sein sollte.

In diesem Sinne sind solche Demonstrationen, die

scheinbar nur von Gefühlsreaktionen diktiert werden, wobei die Gefühle derart verallgemeinert sind, daß sie scheinbar wirkungslos bleiben, als Symptome nicht zu unterschätzen, denn sie sagen uns etwas über das Bedürfnis der Menschen, sich in der Lösung gemeinsamer Probleme zusammenzufinden. Eine Botschaft, die sich die politische Klasse aufmerksam anhören sollte.

1996

Grundzüge einer Stadtpsychologie: Dresden

Ich komme gerade aus Dresden zurück. Dresden ist eine Stadt, die alle Gründe hätte, sich zu beklagen. Glänzende Hauptstadt Sachsens, von Herder als »Florenz des Nordens« bezeichnet, in einer romantischen Landschaft erster Klasse gelegen, wurde sie drei Monate vor der Kapitulation Hitlerdeutschlands dem gnadenlosesten konventionellen Bombardement des ganzen Weltkriegs unterzogen. Ausradiert, und das ohne zwingende Gründe; man wußte bereits, daß die Russen bald da sein würden, und das »Dritte Reich« lag schon am Boden. Das geben inzwischen auch die Anglo-Amerikaner zu, die nicht aufhören, Gewissensbisse und Solidarität zu bekunden.

Aber die Stadt hat, ohne zu vergessen, ihre Trauer ohne Gejammer, ohne Opfergetue und, man möchte fast sagen: ohne Groll getragen. Die Dresdner gehen davon aus, daß man die Geschichte kennt, und zeigen dem Besucher stolz die wieder aufgebauten Paläste, die Türme, die Kirchen, die unglaubliche Pinakothek, sie sagen ihm, wie weit im Jahre 2006, zur Achthundertjahrfeier der Stadt, alles wieder hergerichtet sein wird; sogar die scheußlichen Bauten, die nach dem Krieg schnell hochgezogen worden sind, werden bis dahin ersetzt sein, und die Barockfassaden, die Bellotto so genau auf seinen Bildern festgehalten hat, werden restauriert sein (Bellotto hatte kein so feines Gespür für die Ungreifbarkeit der Atmosphäre wie sein Onkel Canaletto, aber er war von einem glasklaren Realismus, der es erlaubt hat, auch die Altstadt von Warschau wieder aufzubauen).

Die Dresdner fragen einen gar nicht, ob einem die Stadt gefällt. Sie sagen es einem. Das bringt mich auf den Gedanken, daß man die Städte normalerweise in zwei Kategorien einteilen kann: in die selbstsicheren und die anderen. Ich werde hier nur einige der selbstsicheren beim Namen nennen, möchte jedoch betonen, daß unter den anderen auch Hauptstädte sind.

In den selbstsicheren Städten kommt es den Leuten gar nicht in den Sinn, den Besucher zu fragen, wie er ihre Stadt findet. Einige verkaufen schamlos ihren Mythos (»Paris, la ville lumière« – »Quanto sei bella Roma« – »New York, New York«), aber sie verlangen keine Konsensbekundungen. Sie setzen stillschweigend voraus, daß man überwältigt ist, und wenn nicht, hat man eben Pech gehabt. Andere, zum Beispiel London, Mailand oder Amsterdam, legen einem zwar den Prospekt oder den Führer mit den Sehenswürdigkeiten ins Hotelzimmer, reden aber nicht viel von sich und sind jedenfalls nicht an den Meinungen ihrer Besucher interessiert. Eine Kategorie für sich sind die Bewohner von Buenos Aires: Spät in der Nacht befragen sie sich und einander nach der argentinischen Identität, aber das ist ein nationales Spiel; daß »Buenos Aires querido« zum Verlieben ist, haben sie nie in Zweifel gezogen.

In Italien bezeichnet sich eine Stadt, wenn es ihr an Selbstvertrauen gebricht, bei öffentlichen Gelegenheiten als »nobilissima città«, also eine Stadt von ältestem – sprich antikem – Adel. Es liegt auf der Hand, daß alle italienischen Städte, so wenige Jahrhunderte sie auch erst alt sein mögen (außer den erst vor ein paar Jahrzehnten gebauten), antiken Ursprungs sind, aber die komplexbeladenen haben das Bedürfnis, es ausdrücklich zu sagen. Im allgemeinen jedoch – und dies gilt überall in der Welt – erkennt man mangelndes Selbstvertrauen daran, daß einem sofort bei der Ankunft die Frage gestellt wird: »Was denken Sie über unsere Stadt?«

Mir ist es passiert, daß ich bei der Ankunft in sehr komplexbeladenen Städten auf dem Flugplatz von Journalisten umringt wurde, und die erste Frage war: »Kommen Sie zum erstenmal her? Was denken Sie über unsere Stadt?« Wenn ich dann zu bedenken gab, daß ich noch gar nichts über sie denken könne, weil ich sie ja noch gar nicht gesehen hatte, insistierten sie: »Ja, aber was haben Sie zu finden erwartet, welches Bild hatten sie von ihr?« Sie wissen genau, daß man, wenn man kein Provokateur ist, eine höfliche Antwort geben wird. Am besten, man sagt, man habe schon viel über diese faszinierende und (wenn man ehrlich ist) kontrastreiche Stadt gehört. Dann geben sie erstmal Ruhe, aber solange man da ist, fragen sie immer wieder danach.

In manchen Städten widersprechen sie der höflichen Antwort. Sie wetteifern miteinander, dem Besucher zu sagen, daß die Gegensätze gewaltig, die Probleme dramatisch und ungelöst seien. Man hüte sich, auf die Provokation einzugehen und zu antworten, das sei wahr. Sie werden beleidigt sein. Manchmal wird einem die schicksalhafte Frage auch in Städten gestellt, die für ihre Effizienz und ihre Schönheit berühmt sind. Dann entdeckt man, daß die Stadt unter ihrer Opulenz einen Mangel an Identitätsbewußtsein verbirgt.

Es gibt auch Städte, die ihr Selbstvertrauen wiedergewinnen. Neapel war bekannt für seine Mischung aus leidendem Stolz und triumphierender Selbstbeschimpfung. Einer meiner Freunde sagte kürzlich zu dem Taxifahrer, der ihn zum Flughafen bringen sollte, sie würden vielleicht wegen des Verkehrs zu spät ankommen. Der Taxifahrer antwortete stolz (ohne zu leiden), der Verkehr funktioniere jetzt sehr gut. Kommentar meines Freundes: Zum ersten Mal in seinem Leben (und in der ganzen Welt) sei er einem Taxifahrer begegnet, der gut von der Stadtverwaltung sprach.

In anderen Fällen beginnt eine Stadt, die früher sehr selbstsicher war, sich langsam unwohl zu fühlen. Man achte darauf, ob man gefragt wird, was man über sie denke. Es empfiehlt sich, eine begeisterte Antwort zu geben, aber man schaue sich um und suche nach Gründen für ein Unbehagen.

1996

Bücher zum Nachschlagen und Bücher zum Lesen

Zerstreut herumzappend bin ich vor ein paar Tagen auf einen Kanal gestoßen, in dem eine Art lange Vorschau auf eine demnächst kommende Sendung zu sehen war. Ich glaube, es war in *Rete Quattro* oder *Cinque*, aber ich bin mir nicht sicher (was wieder einmal bestätigt, wie ideologisch wehrlos der Fernsehzuschauer im Vergleich zum Zeitungsleser ist, der immer genau weiß, wer da zu ihm spricht). Es wurden die Wunder der CD-ROM angepriesen, das heißt jener hypermedialen Scheiben, die uns das Äquivalent eines ganzen Konversationslexikons geben können, mit Farben, Tönen und der Möglichkeit zu blitzschnellen Querverweisen und Verbindungen zwischen den einzelnen Themen. Da ich auf diesem Gebiet gerade ein paar Erfahrungen sammle und die Sache kenne, folgte ich der Sendung nur zerstreut. Bis ich auf einmal meinen Namen nennen hörte: Es wurde behauptet, ich verträte die Meinung, diese Scheiben würden eines Tages definitiv die Bücher ersetzen.

Niemand kann verlangen, wenn er nicht paranoisch ist, daß die anderen alles lesen, was er schreibt, aber er kann zumindest hoffen, daß sie ihn nicht das Gegenteil sagen lassen, besonders wenn sie ihn – ungefragt – als Zeugen für etwas anführen. Tatsache ist, daß ich bei jeder Gelegenheit sage und wiederhole, daß die CD-ROM *nicht* das Buch ersetzen können wird.

Es gibt zwei Arten von Büchern: die zum Nachschlagen und die zum Lesen. Die ersten (der Prototyp ist das Telefonbuch, aber sie gehen bis zum Wörterbuch und zum Konversationslexikon) besetzen viel Platz im Bücherregal, sind schwierig zu benutzen und kostspielig. Diese können eines Tages durch multimediale Silberscheiben ersetzt werden. Dadurch wird Platz frei, zu Hause wie in den öffentlichen Bibliotheken, für die Bücher zum Lesen (die von der *Göttlichen Komödie* bis zum letzten Kriminalroman gehen).

Die Bücher zum Lesen sind durch keinerlei elektronisches Speichermedium ersetzbar. Sie lassen sich überall in die Hand nehmen, auch im Bett, auch in einem Boot, auch dort, wo es keine Steckdosen gibt, auch dann, wenn jede Batterie leer ist, man kann in ihnen etwas unterstreichen, eine Seite einknicken, ein Lesezeichen hineinlegen, man kann sie auf den Boden fallen- oder aufgeschlagen auf die Brust oder auf die Knie sinken lassen, wenn einen der Schlaf überkommt, sie passen in die Jackentasche, sie können angestoßen werden, sie nehmen ein individuelles Aussehen an, je nach der Intensität und Regelmäßigkeit unserer Lektüre, sie erinnern uns daran (wenn sie zu frisch und unberührt aussehen), daß wir sie noch nicht gelesen haben, sie lassen sich in der von uns gewünschten Kopfhaltung lesen, ohne uns die starre und angespannte Haltung vor einem Computerbildschirm aufzuzwingen, der in jeder Hinsicht bequem und benutzerfreundlich sein mag, nur nicht für die Halswirbelsäule. Versuchen Sie mal, die ganze *Göttliche Komödie* an einem Bildschirm zu lesen, auch bloß eine Stunde pro Tag, und dann sagen Sie mir, wie es war.

Das Buch zum Lesen gehört zu jenen Wundern einer vollendeten Technologie, zu denen auch das Rad, das Messer, der Löffel, der Hammer, der Topf und das Fahrrad gehören. Das Messer ist schon sehr früh erfunden worden, das Fahrrad erst ziemlich spät. Aber so sehr sich die Designer auch bemühen, irgendein Detail zu verändern, im Kern bleibt das Messer immer dasselbe. Es gibt Maschinen, die den Hammer ersetzen, aber für bestimmte Dinge wird man immer etwas brauchen, was dem ersten jemals auf Erden erschienenen Hammer gleicht. Man kann ein überaus raffiniertes Gangschaltungssystem erfinden, aber das Fahrrad bleibt, was es ist: zwei Räder, ein Sattel, Lenker, Pedale. Sonst heißt es Moped und ist eine andere Sache.

Jahrhundertelang hat die Menschheit zum Lesen und Schreiben erst Stein, dann Tontafeln, dann Papyrusrollen benutzt, aber es war eine mühsame Arbeit. Als sie entdeckte, daß man Bögen zusammenbinden kann, auch wenn diese noch handbeschrieben waren, stieß sie einen erleichterten Seufzer aus. Und sie wird niemals wieder auf diese wunderbare Erfindung verzichten.

Das Format des Buches wird durch unsere Anatomie bestimmt. Es kann sehr große Bücher geben, aber meistens haben sie dokumentarische oder dekorative Funktion. Das Standardbuch darf nicht kleiner als eine Zigarettenschachtel und nicht größer als eine Nummer des *Espresso* sein. Seine Größe ist abhängig von den Dimensionen unserer Hand, und diese haben sich – zumindest bisher – trotz Bill Gates nicht geändert.

Gewiß verspricht uns die Technik Maschinen, mit denen wir am Computer die Bibliotheken der ganzen Welt durchsuchen können, um die uns interessierenden Texte zu nehmen, sie in der von uns gewünschten Schrift auszudrucken, je nach dem Grad unserer Altersweitsichtigkeit und unseren ästhetischen Vorlieben, wobei schon der Drucker uns die Bögen sortiert und zu Broschüren bindet, so daß sich jeder seine persönlich gestalteten Werke zusammenstellen kann. Ja und? Eines Tages werden die Setzereien, die Druckereien, die traditionellen Buchbindereien verschwunden sein, aber wir werden noch immer und immer wieder ein Buch in der Hand halten.

1994

Bücherlesen mit den Fingerkuppen

Eine häusliche Bibliothek ist nicht nur ein Ort, an dem Bücher versammelt werden; sie ist auch ein Ort, der sie für uns liest. Wie ich das meine? Nun, ich denke, jedem von uns, der eine gewisse Anzahl von Büchern besitzt, ist es widerfahren, sich jahrelang Gewissenbisse gemacht zu haben, weil er einige Bücher noch nicht gelesen hatte, die ihn jahrelang vorwurfsvoll vom Regal herab ansahen, als wollten sie ihn an seine Vergeßlichkeit erinnern.

Eines Tages nimmt man dann eines dieser Bücher zur Hand, beginnt zu lesen und entdeckt, daß man schon fast alles kennt, was darin steht. Für dieses sonderbare Phänomen, das sicherlich viele bezeugen können, gibt es nur drei vernünftige Erklärungen. Erstens: Im Lauf der Jahre hat sich durch die verschiedenen Berührungen, wenn wir das Buch umgestellt, abgestaubt oder auch bloß ein Stück zur Seite geschoben haben, um ein anderes besser herausziehen zu können, etwas von seinem Inhalt über unsere Fingerkuppen in unser Hirn übertragen, wir haben es also gewissermaßen taktil gelesen, als ob es in Blindenschrift gedruckt wäre. Ich bin ein Anhänger des CICAP* und glaube nicht an paranormale Phänomene, aber in diesem Fall schon, auch weil ich das Phänomen gar nicht für paranormal halte. Im Gegenteil, es ist stinknormal und wird von der Alltagserfahrung bestätigt.

* Comitato Italiano per il Controllo delle Affirmazioni sul Paranormale (Ital. Komitee zur Kontrolle der Behauptungen über das Paranormale), Mitglied des European Council of Skeptical Organisations; Genaueres unter *www.cicap.org* (A. d. Ü.).

Zweite Erklärung: Es stimmt gar nicht, daß wir das fragliche Buch nie gelesen haben. Jedesmal, wenn wir es verschoben oder abgestaubt haben, haben wir einen kurzen Blick darauf geworfen, die Umschlagbanderole gelesen, es irgendwo aufgeschlagen und ein paar Seiten überflogen, und so haben wir nach und nach einen großen Teil absorbiert. Dritte Erklärung: Im Lauf der Jahre haben wir andere Bücher gelesen, in denen von diesem die Rede war, so daß wir, ohne es uns bewußt zu machen, gelernt haben, was es zu sagen hatte (sei's daß es sich um ein berühmtes Buch handelte, von dem alle gesprochen haben, oder um ein banales, dessen Ideen so gewöhnlich sind, daß wir sie fortwährend anderswo gefunden haben).

In Wahrheit glaube ich, daß alle drei Erklärungen richtig sind und miteinander interagieren. Man liest andere Bücher, ohne zu merken, daß man dabei auch irgendwie dieses liest, und schon bei der bloßen Berührung spricht etwas in der Graphik, in der Konsistenz des Papiers, in der Farbe von einer Epoche, von einem bestimmten Ambiente. All diese Elemente gemeinsam »gerinnen« auf mirakulöse Weise und wirken zusammen, um uns jene Seiten vertraut zu machen, die wir, streng genommen, nie gelesen haben.

Wenn daher eine Bibliothek dazu dient, den Inhalt nie gelesener Bücher kennenzulernen, dann ist das, worüber wir uns Sorgen machen sollten, nicht das Verschwinden des Buches, sondern das Verschwinden der häuslichen Bibliotheken.

1998

Keine Angst vor dem Hypertext

Gespräch mit einem Schriftstellerfreund, der leicht verstört von einem Kongreß zurückkommt, wo er von »Hypertexten« hat reden hören. Ein Hypertext ist jene Teufelei, die dem Benutzer eines Computers erlaubt, im Innern eines gegebenen Textes zu »navigieren«, indem er gleichzeitig mehrere Teile davon durchsieht, verschiedene Stellen in Beziehung zueinander setzt, Kreuzungen, Verbindungen, Knotenpunkte entdeckt... Das ist sehr nützlich für eine Vielzahl von Dingen, besonders wen man etwas nachschlagen muß oder für didaktische Zwecke, aber mein Freund hat davon im Zusammenhang mit literarischen Aktivitäten gehört.

»Die sagen, die Art des Lesens werde sich verändern. Jeder könne dann in einem Werk herumsegeln, wie's ihm paßt. Eine neue Kunstepoche werde entstehen.« Offensichtlich fürchtet er, daß er selbst bald zum alten Eisen gehört. Ich versuche ihn zu beruhigen. Mit einem guten Hypertext könne man beispielsweise in der *Göttlichen Komödie* alle Verse finden, die mit »antwortete er« (*rispuose*) enden (es sind 14, falls es jemanden interessiert), und sie sich sogar hintereinander ausdrucken lassen, als wär's eine Litanei mit immer demselben Reim. Doch wenn jemand einen ganzen Gesang in Ruhe lesen will, hält er sich besser an eine gedruckte Ausgabe, denn am Bildschirm verdirbt man sich leicht die Augen.

»Die sagen, es werde schließlich Romane mit vielfältigen Verzweigungen, Ausgängen und Enden geben, und dann werde sich jeder seinen eigenen Roman drucken...«

Keine Sorge, entgegne ich, außerdem brauche man dazu keinen Hypertext, das habe man auch schon mit einem kleinen Basic-Programm machen können, das sei es nicht, was die Leute wollen. »Wieso?« fragt er mich. O heiliger Bimbam, diese Intellektuellen! Der einzige Sport, den sie treiben, ist die Pflege der Furcht, das Buch gehe schlechten Zeiten entgegen. Seit den Tagen der Keilschrift kommen sie immer wieder darauf zurück. Hör zu, sage ich zu ihm, hier ist das letzte Buch von Jurij Lotman, *Kultur und Explosion* (Feltrinelli). Es ist nicht nur die neueste Übersetzung, es ist auch ein ganz neues Buch, denn es ist gerade erst dieses Jahr in Rußland erschienen. Es handelt von vielerlei Dingen und läßt sich nicht in wenigen Worten zusammenfassen, aber an einem bestimmten Punkt, im vierten Kapitel, kommt es auf ein geflügeltes Wort von Tschechow zu sprechen, das mit dem Gewehr an der Wand. »War das nicht von Puschkin?« Ich weiß nicht, mal wird es Tschechow, mal Puschkin zugeschrieben, aber wenn Lotman sagt, es sei von Tschechow, dann glaube ich ihm.

Es handelt sich um die berühmte Empfehlung, der zufolge ein Gewehr an der Wand, wenn es am Anfang einer Erzählung erwähnt oder im ersten Akt eines Stückes zu sehen ist, vor dem Ende einen Schuß abgeben muß. Dazu schreibt nun Lotman: »Tschechows Regel hatte nur Sinn innerhalb einer bestimmten Gattung, die heute obendrein völlig erstarrt ist. In Wirklichkeit ist es gerade die Ungewißheit, ob das Gewehr einen Schuß abgeben wird oder nicht und ob dieser Schuß eine tödliche Verletzung bewirkt oder sich nur als der Krach einer auf den Boden gefallenen Konservendose herausstellt, was der Handlung einen Sinn verleiht.«

Und kurz davor hatte er geschrieben: »Wenn der Zuschauer sich in Gedanken in jene ›gegenwärtige Zeit‹ versetzt, die im Text realisiert wird (zum Beispiel im ›gegebenen‹ Bild, während ich es betrachte), ist es, als richte er seinen Blick in die Vergangenheit, die sich zusammenzieht wie ein Kegel, der mit seiner Spitze in der gegenwärtigen Zeit ruht. Indem das Publikum seinen Blick in die Zukunft richtet, versinkt es in einem Bündel von Möglichkeiten, die ihre potentielle Wahl noch nicht getroffen haben.«

Verstanden? Und du meinst, der Leser wolle sich dieser Spannung, dieser lustvollen Qual begeben, um selbst zu entscheiden, wie die Geschichte ausgeht? Einen Roman liest man, um den Schauder des Schicksals zu verspüren. Wenn ich selbst über das Schicksal der Personen entscheiden könnte, wäre es, als wenn ich in ein Reisebüro ginge und beim Buchen einer Reise um die Welt gefragt würde: »Und wo wollen Sie dem Weißen Wal begegnen, bei Samoa oder bei den Aleuten? Mit dem Round-the-World-Ticket kostet's dasselbe ...«

In einem Roman stehen vielerlei Dinge, es wird sogar gesagt, daß – was weiß ich – eine Wolke am Himmel vorüberzieht oder eine Eidechse zwischen den Steinen huscht. Noch einmal Lotman: »Die Unkenntnis der Zukunft erlaubt uns, allem eine Bedeutung zu geben.« Das ist schön. Herauszufinden, worauf es ankommt, und es noch nicht zu wissen. Erst am Ende weißt du, wenn überhaupt, was du dir hättest besser ansehen (oder überhaupt erstmal sehen) müssen, und manchmal weißt du nicht einmal das, und deshalb mußt du das Ganze noch einmal von vorne lesen, und beim Wiederlesen wird sich dir auch die Bedeutung des Ganzen verändern. Doch am Anfang und während des Lesens bist du wie mitten in einer detektivischen Untersuchung, und der Schuldige ist der Autor.

Und da glaubst du im Ernst, die Leute würden dafür bezahlen, daß sie selber entscheiden können, ob sich die Brautleute Renzo und Lucia am Ende kriegen? Vielleicht einmal ausnahmsweise, zum Spaß, so wie man auf dem Jahrmarkt auch mal zur Schießbude geht. Aber Geschichtenlesen ist eine andere Geschichte.

»Muß ich wirklich nicht um meine Zukunft fürchten«, fragt mich mein Schriftstellerfreund. »Doch, in einer Hinsicht schon, aber nur, weil du *von dir aus* schlechte Romane schreibst – und auch das ist eine andere Geschichte.«

(Anmerkung: Den Anstoß zu diesem Lehrstück gab mir ein Gespräch mit einem Freund, der sehr schöne Romane schreibt. Aber ich brauchte eine Schießbudenfigur, um diesen Streichholzbrief zu beenden.)

1993

Ein neuer Heiliger Krieg: Mac gegen DOS

Ungenügende Beachtung hat der verborgene neue Religionskrieg gefunden, der im Begriff ist, unsere moderne Welt tiefgreifend zu verändern. Ich habe den Verdacht schon lange, aber jedesmal, wenn ich ihn irgendwo erwähne, stelle ich fest, daß die Leute mir spontan zustimmen.

Tatsache ist, daß die Welt sich heute in Benutzer des Macintosh und Benutzer der mit DOS laufenden Computer teilt. Ich bin der festen Überzeugung, daß der Macintosh katholisch und DOS protestantisch ist. Mehr noch, der Mac ist katholisch im gegenreformatorischen Sinn, durchdrungen von der jesuitischen »*ratio studiorum*«. Er ist heiter, freundlich und entgegenkommend, er sagt dem Gläubigen, wie er Schritt für Schritt vorgehen soll, um wenn nicht das Himmelreich, so doch den Moment des erfolgreichen Ausdruckens der Datei zu erreichen. Er ist katechistisch, das Wesen der Offenbarung wird in verständliche Formeln und prächtige bunte Ikonen gefaßt. Jeder hat Anrecht auf das Heil.

DOS dagegen ist protestantisch, ja geradezu calvinistisch. Es sieht eine freie Auslegung der Schriften vor, es verlangt schwierige persönliche Entscheidungen, es zwingt dem Gläubigen eine subtile Hermeneutik auf und nimmt als gegeben, daß nicht jeder zum Heil gelangt. Um das System funktionieren zu lassen, sind persönliche Exegesen des Programms erforderlich. Weit entfernt von der barocken Festgemeinde, sitzt der Benutzer eingeschlossen in der Einsamkeit seiner Gewissensnot.

Man wird mir entgegenhalten, mit dem Übergang zu Windows habe die DOS-Welt sich der gegenreformatorischen Toleranz des Macintosh angenähert. Richtig: Windows repräsentiert ein Schisma vom anglikanischen Typus, große Zeremonien in der Kathedrale, aber stets mit der Möglichkeit einer schnellen Rückkehr zu DOS, um aufgrund bizarrer Entscheidungen eine Vielzahl von Dingen zu ändern; letztlich könnte man, wenn man will, auch das Priesteramt den Frauen oder den Schwulen anvertrauen.

Natürlich haben Katholizismus und Protestantismus der beiden Systeme nichts mit den kulturellen und religiösen Positionen ihrer Benutzer zu tun. Neulich mußte ich entdecken, daß Franco Fortini, der strenge und immer zerquälte Dichter, der noch dazu ein erklärter Feind der Gesellschaft des Spektakels ist, auf einem Macintosh schreibt, es war kaum zu glauben. Allerdings muß man sich fragen, ob die Benutzung des einen Systems anstelle des anderen nicht auf die Dauer zu tiefen inneren Verwerfungen führt. Kann man ernstlich DOS-User und zugleich aufrichtiger Papst-Fan sein? Und übrigens: Hätte Céline mit Word, mit WordPerfect oder mit Wordstar geschrieben? Hätte Descartes in Pascal programmiert?

Und die Maschinensprache, die im tiefen Untergrund über das Schicksal beider Systeme entscheidet, gleich in welcher Umgebung? Nun, die ist Altes Testament, Talmud, Kabbala ...*

1994

* Dieser Streichholzbrief wurde vor sechs Jahren geschrieben. Inzwischen haben sich die Dinge geändert. Die diversen *releases* haben Windows 95 und 98 dazu geführt, zusammen mit Mac entschieden tridentinisch-katholisch zu werden. Die Fackel des Protestantismus ist in die Hände von Linux übergegangen. Aber der Gegensatz ist geblieben (A. d. A., 1999).

Chronik einer sündigen Nacht

Wenn sie das Internet zu erkunden beginnen, gehen fast alle sofort daran, sich mit *Playboy* und *Penthouse* in Verbindung zu setzen. Nachdem sie das einmal getan und sich die Ausklappseiten mit den Häschen der letzten zwei bis drei Monate auf den Bildschirm geholt haben, lassen sie's bleiben, denn – wie groß und hochauflösend der Bildschirm auch sein mag – es ist leichter und befriedigender, sich das Heft am Kiosk zu kaufen. Doch gewöhnlich erzählen einem die Freunde, sie hätten irgendwo unerhörte Bilder gefunden, und so versucht man es eben auch mal, sei's auch nur, um zu beweisen, daß man ein guter »Surfer« ist.

Vorgestern nacht, müde vom Navigieren zwischen Bibliographien über die Metapher, Programmen zur Erzeugung von Hypertext-Stories und der *Kritik der reinen Vernunft* in einer alten englischen Übersetzung, die nicht mehr dem Copyright unterliegt, verlangte ich von meinem Web Crawler »Sex«. Er identifizierte 2088 Adressen und gab mir die ersten 100. Die Anarchie des Internet führt dazu, daß man nie wissen kann, welche Adressen die interessanten und welche die blöden sind. Ich las vielversprechende Titel wie »Die Gärten der Lust«, »Bilder nur für Erwachsene«, »Arrgghhhh, nackte Frauen!!«, »Die Sexgöttinnen der westlichen Hemisphäre«, aber meistens geriet ich an Orte, wo mir leckere Bilder nur dann versprochen wurden, wenn ich zuvor eine Überweisung tätigte.

Unverzagt weiterklickend gelangte ich schließlich zu »Kramer's Korner-Erotica«, von wo aus ich mich mit »Supermodels«, mit »Very Hot Links«, erneut mit *Penthouse* und *Playboy* sowie mit »Babes on the Web« in Verbindung setzen konnte. Ich wählte »Supermodels«, und da lieferte mir dieser Mr. Kramer Fotos (bekleidet) und Informationen über eine Reihe von Models, die ihm sympathisch sind. Ich klickte auf Cindy Crawford und erfuhr alles über sie, aber ungefähr so, als hätte ich mir ein Heft von *La famiglia cristiana* gekauft.

Enttäuscht versuchte ich es mit »Very Hot Links«, von wo aus ich wieder auf *Playboy* verwiesen wurde sowie auf ein *Western Canada's Gay and Lesbian Magazine*, das mir jedoch sofort zu verstehen gab, ich dürfe nicht erwarten, darin irgendwelche Bilder zu finden. So wechselte ich zu »Babes on the Web«, wo mir die Adressen von fünfzig »Babes« angeboten wurden (das Wort kann auch Puppe heißen), jede mit ihrer eigenen Homepage und einige mit faszinierenden Namen wie Chok-Eng Cheng. Na also, dachte ich, sehen wir doch mal, was diese Puppen zu bieten haben.

Fast wahllos klickte ich auf Jennifer Amon. Es erschien Jennifers Seite mit ihrem Foto (nur der Kopf); sie war nicht abstoßend, aber auch keine Bombe. Eine normale Frau, die mir mitteilte, daß sie Programmanalytikerin an dem höchst seriösen Oberlin College sei, wonach sie mir weitere detaillierte Auskünfte über ihre beruflichen Qualifikationen gab. Sie begann mit der Information, daß ihre Siamkatze kürzlich am 15. August um zwanzig nach zwölf gestorben sei, und am Ende bat sie mich, falls ich durch UD zu ihrer Seite gelangt sei, einen gewissen Joe Lang zu grüßen. Von Sex keine Spur. Jennifer macht entweder Reklame für sich selbst, oder sie fühlt sich einsam und möchte mit jemandem kommunizieren.

Aber was treibt denn dieser Kramer da für ein Spiel? Ich

kehre zu ihm zurück und klicke auf seine Biographie. Ich erfahre, daß er 28 Jahre alt ist, in Boston studiert hat, in Jersey City in einer Bank arbeitet und sich in der Freizeit als Berater für die Einrichtung von Webseiten anbietet, also für das, was ich gerade sehe. Um mögliche Kunden zu locken, offeriert er Verbindungen mit erotischen Seiten, ein paar überaus keusche Fotos von schönen Mädchen, und animiert zur Begegnung mit Girls und Dolls, die keine Puppen, sondern höchst sittsame Damen sind.

Verzweifelt kehre ich zur anfänglichen Liste der Hundert Heißen Adressen zurück und finde etwas, das mich vom Stuhl aufspringen läßt. Ein gewisser Dan Moulding erklärt mir, wenn ich Busen, Genitalien oder andere Teile des weiblichen Körpers sehen wolle, superpornographisches Material in rauhen Mengen und in einer Deutlichkeit, wie sie noch nie auf einem Computerbildschirm erreicht worden sei, dann läge ich bei ihm richtig. Eilends klicke ich auf OK, und es erscheint eine Message, die mir sagt, daß ich ein großer Schmutzfink sei und mich schämen solle.

Dan Moulding ist ein strenger Moralist aus Utah (also vielleicht ein Mormone), der mir in einem langen Text zunächst Vorwürfe macht, weil ich, indem ich im Internet Pornobilder suche oder verbreite, die Leitungen verstopfe. Sodann erklärt er mir, daß ich, wenn ich Sex im Computer suche, ein kranker Mensch sein müsse, der keine Freunde – geschweige denn Freundinnen – habe, ob ich denn keine Verwandten hätte, die mir lieb und teuer seien, ich solle doch bedenken, daß meine Großmutter, wenn sie wüßte, was ich da triebe, an plötzlicher Arterienerweiterung sterben könnte. Am Ende (nachdem er mir nahegelegt hat, mich bußfertig einem Priester, einem Rabbiner oder einem Pastor anzuvertrauen) gibt er mir eine

Liste von Adressen (im Internet), bei denen ich moralische Hilfe finden könne, einschließlich der eines auf die Rehabilitation von Pornofreaks wie ich spezialisierten Dienstes (http://www.stolaf.edu/people/bierlein/noxxx/noxxx.html).

Er schließt: Schreiben Sie mir (dmoulding@eng.utah.edu), und ich gebe Ihnen einen Haufen Briefe zu lesen »von Versagern wie Ihnen›, die dumm genug waren, um in meine Falle zu gehen«.

Es war drei Uhr nachts. Dieser Ansturm von Sex hatte mich erschöpft. Ich legte mich schlafen und träumte von friedlichen Schafherden, Engeln und sanftmütigen Einhörnern.

1995

Der Grimmdarm von Mr. X.

Diverse Fachzeitschriften haben darüber berichtet: Wer lange genug im Internet surft, kann die Homepage eines Herrn finden, der dort ein Foto seines Grimmdarms zur Schau stellt. Vielleicht wissen nicht alle Leser, was es bedeutet, ein Foto des eigenen Grimmdarms zu haben. Also: seit einigen Jahren ist es möglich, in eine Klinik zu gehen (eine öffentliche oder private), in der Ihnen von einem Arzt rektal eine Sonde eingeführt wird, die an der Spitze eine kleine Telekamera hat. Es ist nicht schmerzhafter oder unangenehmer als ein Darmeinlauf. Die Sonde dringt in Ihrem Darm vor, während ein Assistent (oder, Gipfel der Perversion, eine Schwester) Ihnen sanft den Unterleib massiert, damit das Ding schmerzlos durch jene Windungen gleiten kann.

O Wunder! Wenn Sie nicht zu sehr darauf achten, was da mit Ihnen gemacht wird, und wenn Sie eine schön entwickelte narrative Phantasie haben, können Sie auf einem Farbmonitor die Reise der Sonde (und der Telekamera) *in interiore homine* beobachten. Sie machen eine Reise halb im Stil des Augustinus, halb im Stil von Jules Verne, und Sie haben den Eindruck, wenn nicht der erste Mensch auf Erden, so doch einer der ersten der Spezies zu sein, nach Jahrtausenden und Aberjahrtausenden, der auf einem Bildschirm eine Reise durch die eigenen Eingeweide verfolgt.

Die Erfahrung ist (wenn Sie das kleine Unbehagen in Kauf nehmen) faszinierend. Sie reisen durch verschiedenfarbige, zwischen blaßrosa und dunkelrot changierende

Gänge, und die einzige Enttäuschung würde eintreten, wenn der Arzt an einem bestimmten Punkt plötzlich angesichts einer in Farbe und Form besonders interessanten Bildung ausriefe: »Oh, was für ein schöner Tumor!« Geschieht das nicht, gehen Sie mit der Gewißheit nach Hause, von der hinteren Öffnung bis zur Schwelle des Magens (ungefähr, verzeihen Sie die mangelnde Präzision) gesund zu sein. Und geschieht es doch, ist es besser, Sie wissen es gleich, vielleicht ist es ja noch nicht zu spät. Deshalb sollte jedermann und jedefrau diese Erfahrung (von der Krankenkasse bewilligt) wenigstens alle zwei Jahre machen, und Dank sei den neuen Techniken, daß sie es uns ermöglichen.

Ein paar Tage später überreicht Ihnen dann der Arzt das Farbfoto Ihres eigenen Grimmdarms, und wenn Sie wollen, können Sie es sich rahmen lassen und neben das Ihrer Ahnen hängen oder neben das von Ihnen selbst als Säugling auf einem Leopardenfell, wie man es früher hatte.

Das einzige Problem ist, daß alle Grimmdärme aller Menschen unter normalen Bedingungen gleich aussehen, und es ist einer der Vorzüge der Natur, daß sie in so konstanter Weise vorgeht, vielleicht ein bißchen monoton, aber damit erlaubt sie uns, aus vielen Einzelfällen (sei's auch durch gewagte Induktionen) auf allgemeine Gesetze zu schließen. Daher können wir Freude an einem Farbfoto unseres eigenen Grimmdarms haben (die Wege des Narzißmus sind unendlich), während uns das Farbfoto des Grimmdarms eines anderen völlig kalt läßt. Ein Umstand, der mir ganz menschlich und normal erscheint. Warum sollte mich der Grimmdarm von Chirac oder Clinton interessieren? Und bei Sharon Stone gibt es interessantere Dinge als den Grimmdarm zu sehen, sonst hätte Paul Verhoeven nicht *Basic Instinct* gedreht, sondern einen Dokumentarfilm in der Manier von Piero Angela.

Gut, also der oben erwähnte Herr hat sich eine Homepage im Internet gekauft (was einiges kostet), um dort aller Welt das Foto seines Grimmdarms zu zeigen. Man ahnt, welches psychologische Drama dieser Entscheidung zugrunde lag. Ein Mensch, dem das Leben keine Möglichkeit gegeben hat, sich hervorzutun und seinen Namen, ich sage gar nicht der Nachwelt, sondern nur den eigenen Zeitgenossen bekannt zu machen, entschließt sich – gegen große Übel helfen nur große Mittel –, wenn nicht in die Geschichte, so wenigstens in die Aktualität einzugehen, indem er Millionen von potentiellen Internet-Surfern seinen Grimmdarm zeigt, der freilich genauso aussieht wie der Grimmdarm eines jeden beliebigen anderen. Es gibt Leute, die, um berühmt zu werden, ihre Eltern umbringen oder in eine Talkshow gehen, um ihre eigene Nichtigkeit darzutun. Unter allen Lösungen scheint mir die des betreffenden Herrn die am wenigsten gesellschaftsschädliche.

Doch wer im Internet zu jener Homepage gelangt ist (um dann von ihr eine irrelevante Enthüllung zu bekommen, die alle Prinzipien der mystischen Epiphanie beleidigt), hat immerhin eine gewisse Summe für Telefonverbindungen ausgegeben (um nicht von dem Zeitaufwand und dem entgangenen Gewinn zu sprechen, auch nicht von den in Anspruch genommenen Linien und der Störung, die daraus für die Gemeinschaft der Netzbenutzer erwächst). Aber dies ist ja das Schöne an der Anarchie des Internet: Jeder hat das Recht, seine eigene Irrelevanz zu bekunden. Da Millionen von Irrelevanzen jedoch etwas statistisch Relevantes ergeben, kann der Surfer sich trösten. Er hat eine Momentaufnahme erhalten, die viel über unsere heutigen Tragödien der Anonymität und Einsamkeit besagt. Verglichen mit Herostratos, der, um in die Geschichte einzugehen, den Artemistempel in Ephesus anzündete (und damit der Allgemeinheit einen beträchtlichen Schaden zufügte – obwohl ich vor einem Urteil über Herostratos, wie Stanislaw Jerzy Lec sagte, lieber erst mal den Artemistempel in Ephesus gesehen hätte), sei mir willkommen, wer nur seine eigenen Eingeweide nach außen kehrt und mich schlimmstenfalls ein paar Kröten für Telefonverbindungen kostet.

Womit sich jedoch das Hauptproblem des Internet wieder stellt: Wie unterscheidet man zwischen relevanter und irrelevanter Information? Darauf gibt es bislang keine Antwort.

1995

Haben wir wirklich so viel erfunden?

Die Annonce ist wahrscheinlich im Internet aufgetaucht, aber ich weiß nicht wo, denn sie ist mir per e-mail geschickt worden. Es handelt sich um eine Pseudo-Werbeanzeige, die eine Neuheit anpreist: das Built-in Orderly Organized Knowledge, abgekürzt BOOK.

Keine Drähte, keine Akkus, kein elektrischer Antrieb, kein Schalter oder Druckknopf, das Ding ist kompakt und tragbar, es kann auch im Sitzen vor dem Kamin benutzt werden. Es besteht aus einer Folge von numerierten Blättern (aus recycelbarem Papier), deren jedes Tausende von Bits enthält. In der richtigen Reihenfolge zusammengehalten werden diese Blätter, genannt Seiten, durch ein elegantes Etui, genannt Bindung.

Jede Seite wird optisch gescannt, und die Information wird direkt ins Gehirn übertragen. Es gibt einen Befehl *Browse*, mit dem man von einer Seite zur anderen gelangt, sowohl vorwärts wie rückwärts, durch eine einzige Fingerbewegung. Ein Tool namens »Inhaltsverzeichnis« erlaubt das sofortige Auffinden des gewünschten Themas auf der richtigen Seite. Ein optionales Zusatzgerät namens »Lesezeichen« führt zielgenau an die Stelle zurück, an der man beim ersten Mal haltgemacht hatte, auch wenn das BOOK zwischenzeitlich geschlossen worden ist.

Der Text endet mit diversen weiteren Präzisierungen über dieses aufregend innovative Gerät und annonciert auch den Verkaufsstart des Portable Erasable-Nib Cryptic Intercommunication Language Stylus, kurz PENCIL. Das Ganze ist nicht nur ein schönes humoristisches Stück, es ist auch die Antwort auf viele bange Fragen zum möglichen Ende des Buches infolge des siegreich vorandringenden Computers.

Es gibt viele Gegenstände, die nach ihrer Erfindung nicht weiter perfektionierbar waren, wie das Trinkglas, der Löffel, der Hammer. Als Philippe Starck die Form der Zitronenpresse ändern wollte, produzierte er ein wunderschönes Objekt, das jedoch die Kerne ins Glas fallen läßt, während die klassische Zitronenpresse sie mit dem Fruchtfleisch zurückhält.

Während das 20. Jahrhundert langsam zu Ende geht, können wir uns einmal fragen, ob wir in den letzten hundert Jahren wirklich so viel Neues erfunden haben. Alles, was wir täglich benutzen, ist im 19. Jahrhundert erfunden worden. Hier nur einiges: die Eisenbahn (aber die Dampfmaschine stammt schon aus dem 18. Jahrhundert), das Auto (mit der Ölindustrie, die es voraussetzt), die Dampfschiffe mit Schraubenantrieb, der Stahlbetonbau und die Wolkenkratzer, die U-Bahn, das U-Boot, der Dynamo, die Turbine, der Dieselmotor, das Flugzeug (das ausschlaggebende Experiment der Gebrüder Wright fand drei Jahre nach der Jahrhundertwende statt), die Schreibmaschine, das Grammophon, das Diktaphon, die Nähmaschine, der Kühlschrank und die Dosennahrung, die pasteurisierte Milch, das Feuerzeug (und die Zigarette), das Zylinderschloß von Yale, der Fahrstuhl, die Waschmaschine, das elektrische Bügeleisen, der Füllfederhalter, der Radiergummi, das Löschpapier, die Briefmarke, die pneumatische Rohrpost, das Wasserklosett, die elektrische Klingel, der Ventilator, der Staubsauger (1901), der Rasierapparat mit Klinge, das Klappbett, der Friseursessel und der drehbare Bürosessel, das Streichholz und die Sicherheitshölzer, der Regenmantel, der Reißverschluß, die Sicherheitsnadel, die Soda-Getränke, das Fahrrad mit Gummireifen und Luftkammer, die Stahlspeichenräder und der Kettenantrieb, der Omnibus, die elektrische Straßenbahn, die Hochbahn, das Zellophanpapier, das Zelluloid, die Kunstfiber, die Kaufhäuser, in denen es all das zu kaufen gibt, und – wenn's erlaubt ist – das elektrische Licht, das Telefon, der Telegraf, das Radio, die Fotografie und das Kino. Charles Babbage erfand eine Rechenmaschine, die 66 Additionen in der Minute durchführen konnte, und damit war er schon auf dem Weg zum Computer.

Gewiß, unser Jahrhundert hat die Elektronik hervorgebracht, das Penicillin und viele andere Medikamente, die uns das Leben verlängern, die Plastikstoffe, die Kernfusion, das Fernsehen und die Raumfahrt. Aber wahr ist auch, daß die teuersten Füllfederhalter und Uhren heute versuchen, die klassischen Modelle von vor hundert Jahren zu reproduzieren, und vor fast zehn Jahren habe ich in einem Streichholzbrief geschrieben, die neueste Verbesserung der Kommunikationstechnologie – ich meinte das spätere Internet – überwinde die von Marconi erfundene drahtlose Telegrafie durch eine kabelgestützte Telegrafie beziehungsweise markiere den Rückschritt vom Funk zum Telefon.

Mindestens zwei Erfindungen unseres Jahrhunderts – die Plastikstoffe und die Kernfusion – versucht man heute rückgängig zu machen, weil man gemerkt hat, daß sie den Planeten vergiften. Fortschritt besteht nicht unbedingt darin, daß man um jeden Preis vorwärts geht.

1998

IV

Obwohl das Reden vergeblich ist

Polemiken, Divertissements
und gute Vorsätze

Die Zeitungen werden immer infantiler

Wer Bücher schreibt und sich in Zeitungen äußert, wird oft gebeten, ein Interview zu geben. Eigentlich ist das recht sonderbar, denn wenn jemand verschiedene Gelegenheiten gehabt hat, seine Gedanken auszudrücken, ist nicht einzusehen, warum er sie noch einmal ausdrücken soll. Um Interviews sollte man nur Leute bitten, die nicht schon durch ihren Beruf die Möglichkeit haben, ihre Gedanken in gedruckter Form darzulegen – also Ärzte, Politiker, Schauspieler, Stabhochspringer, Fakire, Richter oder Angeklagte. Überlegen wir einmal: Fänden wir es normal, wenn im *Espresso* ständig Interviews mit den Chefredakteuren der anderen Nachrichtenmagazine erschienen, und umgekehrt? Ich verstehe, warum es sinnvoll ist, einen Zeitungsmacher wie Indro Montanelli zu interviewen, weil er seine Zeitung verläßt, um eine andere zu gründen, aber was würden wir sagen, wenn die Chefredakteure der großen Blätter einander ständig gegenseitig interviewten? Nicht anders ist es jedoch, wenn der Schriftsteller Hinz den Schriftsteller Kunz interviewt.

Gewiß hat es bedeutende Interviews gegeben, die neue Aspekte einer Persönlichkeit enthüllt haben, aber sie waren das Ergebnis langer Gespräche zwischen zwei Personen, die sozusagen das Schicksal zusammengeführt hatte. Undenkbar, daß dergleichen mehrmals am selben Tag vorkommt. Dennoch sind unsere Gazetten voller Interviews, und die Schriftsteller beklagen sich schon, daß niemand sie mehr rezensiert, weil es bequemer ist, wenn sie sich per Interview selbst rezensieren.

Es mag einen Sinn haben, Persönlichkeiten des öffentlichen Lebens zu interviewen, um ihnen etwas zu entlokken, was sie noch niemals gesagt haben, aber es hat keinen Sinn, einen Autor zu fragen, was er in seinem eben erschienenen Buch geschrieben hat. Erstens, weil die Leser das Buch ja noch gar nicht kennen und daher nicht wissen, wovon überhaupt die Rede ist; und zweitens, weil der Autor lange an seinem Buch gearbeitet hat und man daher annehmen darf, daß er darin sein Bestes gegeben hat, während er in dem Interview spontan sagt, was er gerade denkt, ohne es lange gefeilt und abgewogen zu haben, so daß er eher sein Schlechtestes gibt. Aber es hilft nichts: die Zeitung wird immer sagen, ohne Interview fehle der Reiz, und wenn es kein Interview gebe, werde auch keine Rezension folgen (und manchmal ist die Zeitung dann so froh über das Interview, daß sie die Rezension vergißt).

Um den Lesern dieser Zeilen einmal vor Augen zu führen, wie sich das abspielt: stellen wir uns vor, in der Redaktion einer Tageszeitung trifft die Nachricht ein, daß Alessandro Manzoni soeben seinen Roman *I Promessi Sposi* veröffentlicht hat. Der Feuilletonchef eilt zum Chefredakteur: Das Konkurrenzblatt hat den Dichter Leopardi um erste Leseeindrücke gebeten, da wär's doch ein toller Coup, den Professor De Sanctis um eine Kritik zu bitten.* Der Chefredakteur schnaubt: »Ach was, De Sanctis oder De Diabolis! Der Kerl bringt es fertig, uns zehn volle Seiten hinzuknallen, die kein Mensch lesen will, reinste akademische Fliegenbeinzählerei! Interviews brauchen wir, machen Sie ein Interview mit diesem Manzoni. Ent-

* Francesco De Sanctis (1817-1883), bedeutendster italienischer Literaturkritiker seiner Zeit, setzte sich besonders für Manzoni ein (A. d. Ü.).

locken Sie ihm unerhörte Erklärungen! Und sehen Sie vor allem zu, daß er sagt, was die Leser von ihm erwarten: warum er schreibt, ob er meint, daß der Roman tot ist, und solche Sachen! Irgendwas Fulminantes, nicht länger als eine Seite, das wär's!«

Hier folgt der Text des sensationellen Interviews.

Signor Manzoni, können Sie uns Ihren Roman in zehn Worten zusammenfassen?

Versuchen wir's: Zwei lieben sich, wollen heiraten, erst scheint's nicht zu gehen, dann doch ...

Das sind zwölf, aber egal, vielleicht kürze ich's noch ein bißchen. Also eine Liebesgeschichte?

Nicht ganz. Da ist auch die Vorsehung, da ist das Böse, da ist die Pest ...

Wieso die Pest und nicht zum Beispiel ein Infarkt?

Bei einem Infarkt hätte eine Seite genügt ...

Sagen Sie uns, warum schreiben Sie?

Was soll ich sonst tun? Meinen Sie, ich könnte als Gewichtheber auftreten?

Gehen wir mehr in die Tiefe. Warum spielt Ihre Geschichte am Comer See und nicht zum Beispiel am Titicacasee?

Wissen Sie, wir Künstler folgen den Impulsen des Herzens, und das Herz hat Gründe, die die Vernunft nicht kennt.

Wunderbar, warten Sie, das muß ich mir notieren. Also: Das Herz läßt sich nichts befehlen ...

Nein, das Herz hat Gründe, die die Vernunft nicht kennt.

Genau, ich hab's nur zusammengefaßt. Nun sagen Sie uns, wann denken Sie die Sachen, die Sie schreiben?

Na ja, das hängt davon ab ... Ich denke eigentlich immer. Denken heißt leben, wenn ich denke, fühle ich mich lebendig…

Fantastisch! Könnten Sie das noch mal ganz knapp sagen?

Ich denke, also bin ich.

Wahnsinn! Superoriginell! Aber Sie haben doch auch religiöse Hymnen geschrieben, über Weihnachten zum Beispiel… Wieso jetzt ein Roman über zwei Brautleute und nicht über Pfingsten?

Über Pfingsten habe ich schon eine Hymne geschrieben.

Richtig. Und schreiben Sie schon an einem neuen Roman?

Ich habe doch gerade erst diesen beendet. Lassen Sie mich doch ein bißchen Atem holen!

Sie spielen gern den Geheimniskrämer, was? Letzte Frage: Was erwarten Sie sich von diesem Roman?

Na ja, daß er viele Leser findet, daß er gefällt…

Der Chefredakteur liest das Interview: »Also das ist wirklich ein Knüller! Hauen Sie einen vier Spalten breiten Titel drüber, und heben Sie die pikantesten Einzelheiten hervor, besonders die letzte Erklärung: ›Manzoni gesteht: Schluß mit Pfingsten!‹ Dann hat er *uns* den Bestseller zu verdanken!«

So ungefähr geht's heute zu (und nicht nur bei uns in Italien). Weshalb es Leuten in meinem Beruf passieren kann, daß sie den Schreibtisch voller Faxe haben, in denen sie um ein Interview gebeten werden. Zum Glück fängt der Anrufbeantworter die krassesten Anrufer ab, die unsere knallhart auf den Punkt gebrachte Meinung über alle möglichen Geschehnisse in der großen weiten Welt hören wollen. Es stimmt zwar, daß ein verantwortlich denkender Mensch über alles, was geschieht, eine halbwegs klare Meinung hat und haben soll, aber eine Meinung zu haben heißt nicht unbedingt, eine *originelle* Meinung zu haben. Ich zum Beispiel bin der festen Meinung, daß es ungut ist, Kinder zu töten, aber ich finde es verfehlt, wenn mich jemand anruft, um von mir zu wissen, was ich über den Kindermord von Bethlehem denke. Ich halte auch das Töten von Erwachsenen für ungut, aber wenn ich diese Präzisierung abgäbe, würde man mir unterstellen, ich hätte gesagt, um die Kinder brauche man sich nicht weiter zu sorgen.

Nochmal zurück zu den Faxen. Sagen wir, auf dem Schreibtisch jedes schreibenden Menschen türmt sich jede Woche eine gleichbleibende Zahl von Interview-Anfragen. Außer in einem Fall. Nämlich wenn er kurz zuvor ein Interview gegeben hat. Dann verdoppelt sich die Zahl der Anfragen. Hier ein Beispiel. Vor zwei Wochen gab ein befreundeter Schriftsteller in einer Tageszeitung ein langes Interview über einige Probleme im Zusammenhang mit der letzten Parlamentswahl. Wie es in solchen Fällen geschieht, sagte er einige Dinge, die nur er allein dachte, und andere, die alle denken. Was ist passiert? Daß ihn jetzt viele Zeitungen (darunter auch eine holländische) bitten, ihnen ein Interview zum selben Thema zu geben.

Der Ehrgeiz einer Zeitung sollte darin bestehen, die aktuellen Nachrichten früher als andere zu bringen, in jedem Fall aber sie zu *bringen*, auch wenn die anderen sie ebenfalls bringen; bei den Meinungen sollte man dagegen aufs Originelle und Unerhörte setzen. Müßte ich Journalismus lehren, würde ich meinen Schülern erklären: Wenn Hinz einen interessanten Artikel in der *Zeitung für Hinze* geschrieben hat, darf die *Zeitung für Kunze* nicht den Artikel von Hinz nachdrucken, sondern höchstens einen ganz anderen Artikel von Kunz erbitten. Aber von wegen. Heute scheint es der Imperativ des Journalismus zu sein, um jeden Preis nachzudrucken, was anderswo schon erschienen ist. Das Ganze ist so, als würde der Verlag A, gelb vor Neid, weil der Verlag B den neuesten Roman von X veröffentlicht hat, sich alle viere ausreißen, um sofort genau denselben Roman nachzudrucken, in allen Punkten identisch, bloß mit einem neuen Umschlag.

Ich weiß, das klingt wie eine Idee von Achille Campanile, aber es ist die Realität. Daher nichts wie hin, es gilt unbedingt jeden zu interviewen, der gerade ein Interview gegeben hat, erst recht, wenn er es schon vielen anderen Zeitungen gegeben hat. Und bitte immer zum selben Thema. Läßt der Interviewte sich etwas entschlüpfen, was darüber hinausgeht, muß es gestrichen werden.

Wenn früher zwei Damen der guten Gesellschaft sich auf einem Fest begegneten und das gleiche signierte Modellkleid trugen, machten sie eine hysterische Szene. Und die Autoren von Witzen oder von Boulevardkomödien spielten mit diesem Gemeinplatz. Bei den Kindern ist es heute umgekehrt: Wenn der Schulkamerad das T-Shirt mit dem kleinen Dinosaurier oder dem Irren Kalender trägt, wollen die anderen es sofort auch haben, gerade um keine schlechte Figur zu machen. Unsere Zeitungen werden immer infantiler. Lasset die Kindlein zu uns kommen.

1994

Eine Umfrage zum Thema Umfragen?

Was macht man nicht alles für dummes Zeug an Sylvester, um die Zeit bis Mitternacht rumzukriegen. Die Snobs spielen Tombola, die schlichten Gemüter spielen die Goldbergvariationen für Okarina und Trommel. Letztes Mal veranstalteten ein paar Freunde ein Puppenspiel, bei dem die Zuschauer eingreifen durften. Und als die Puppe Hamlet anhob, »Sein oder Nichtsein« zu rezitieren, riefen die Zuschauer lauthals nach einer Umfrage. Gebührend verfälscht, ergab diese dann etwa zweieinhalb Prozent für »Sein« und dreieinhalb für »Nichtsein« sowie vierundneunzig Prozent für »keine Meinung«. Daraufhin verlangten die Anwesenden nach einer Debatte, und einige Freiwillige spielten einen Pater Theobald Glunz vom theologischen Seminar der Uni Tübingen (der sich besonders mit der »Verflüssigung des Seins« befaßt, die charakteristisch für eine Epoche des schwachen Denkens ist), einen Dr. Philo Blancoponte vom Lib-Lab des MIT, der nur in Formeln sprach, die geeignet waren, auch den größten Berufsoptimisten ins düsterste existentielle Unbehagen zu stürzen, sowie einen angeblichen Experten aus Japan, der sich dann aber als Nô-Schauspieler outete und infolgedessen nur einsilbige Melismen von sich gab.

Ich erzähle das, um zu zeigen, daß Umfragen inzwischen zu etwas geworden sind, was man kaum noch ernst nehmen muß. Aber wie ist es dazu gekommen?

Umfragen können gut oder schlecht gemacht sein, und eine der Arten, sie gut zu machen, besteht darin, die Fragen so zu formulieren, daß sie die Antworten nicht schon im voraus bestimmen. Es liegt auf der Hand, daß man, wenn man eine repräsentative Auswahl von Personen befragt, ob sie lieber sofortige Neuwahlen hätten oder unter gräßlichen Qualen an Aids sterben wollten, ein Plebiszit für Neuwahlen im Sinne der scheidenden Regierung bekommt. Aber es genügt nicht, wohlabgewogene Fragen an eine ebenso wohlabgewogene Personengruppe zu stellen. Wir haben uns verwundert, als neulich in einer TV-Diskussion über Korruption und Moral in der Politik am Anfang alle Anwesenden den Ex-Gesundheitsminister Francesco De Lorenzo im Gefängnis sehen wollten und am Ende dann viele ihre Meinung geändert hatten und ihn nach Hause schicken wollten. Dabei ist das ein ganz normales Phänomen: Wenn man unter Freunden diskutiert, kommt es vor, daß man zu Beginn des Abends eine bestimmte Meinung hat und zwei Stunden später zur entgegengesetzten tendiert, um dann am nächsten Morgen wieder zur eigenen Meinung zurückzukehren. Man kann uns am Mittwoch abend um neun Uhr fragen, ob wir einen bestimmten Politiker sympathisch finden, der gerade im Fernsehen interviewt worden ist, und wir können dazu beitragen, seinen Sympathiewert zu steigern; damit ist jedoch überhaupt nicht gesagt, daß wir, wenn wir einige Zeit später in der Wahlkabine sind, für ihn stimmen werden. Infolgedessen ist eine Umfrage, die uns sagt, welche Gefühle der Befragte im Moment der Befragung hat, von sehr geringer Aussagekraft.

Skrupellos eingesetzt, werden Umfragen folglich zu simplen propagandistischen Waffen, deren wissenschaftlicher Wert nicht viel höher ist als die Behauptung, daß neun von zehn Stars die Seife X vorzögen. Und des skrupellosen Gebrauchs von Umfragen als Propagandawaffen hat die Presse ja häufig Berlusconi und die Seinen bezichtigt. Aber nun ist mir der amtliche Jahresbericht über die italienische Gesellschaft von 1994 in die Hände gefallen, und darin finde ich einige Überraschungen.

Es verwundert nicht, daß in den letzten zwei Jahren der Gesamtaufwand für politisch-elektorale und sonstige Meinungsumfragen von 2,54 auf 5,6 Milliarden gestiegen ist. Aber die unerwartete Neuigkeit ist, daß 73 Prozent dieser Umfragen nicht von politischen Gruppen in Auftrag gegeben wurden, sondern von der Presse, welche die Resultate dann zu 69,4 Prozent als Meldung auf der ersten Seite gebracht hat, anstelle von Nachrichten und Kommentaren. Gewiß könnte die Presse hier erwidern, sie habe die Umfragen ja gerade deshalb in Auftrag gegeben, damit sie eine wissenschaftliche Alternative zu den als fragwürdig eingestuften Umfragen anbieten könne. Doch hier eine weitere Überraschung: Wie es scheint, haben 84,8 Prozent aller Umfragen – also auch ein sehr hoher Prozentsatz der von den Zeitungen selbst veranlaßten – keine Angaben über ihre Methoden gemacht (also über die Zahl der befragten Personen, die Techniken der Befragung usw.).

Auch wer sich in diesen Dingen nicht besonders gut auskennt, wird begreifen, daß eine Umfrage, die ihre eigenen Kriterien nicht öffentlich macht, keinerlei Wert hat, beziehungsweise nur soviel wie eine erfundene Umfrage oder wie jener Werbespruch, demzufolge ein bestimmtes Waschmittel weißer als andere wäscht. Entweder man glaubt ihr alles aufs Wort, oder man glaubt ihr gar nichts.

Einerseits überwiegt also immer mehr eine Methode der direkten Demokratie oder der Volksbefragung »in Echtzeit«, die tendenziell an die Stelle der traditionellen Systeme zur Erzeugung und Überprüfung von Konsens tritt; andererseits garantiert dieses System keineswegs seine eigene Objektivität, sondern umgeht im Gegenteil eher skrupellos das Problem. Und schließlich enthüllen diese Arten von Umfrage nur, wie oben gesagt, vorübergehende und sehr labile Stimmungslagen, während wir von einer wissenschaftlichen Umfrage doch erwarten, daß sie, wenn sie gelingt, uns den Pulsschlag der öffentlichen Meinung auf längere Dauer angibt. Ähnlich jenem, den der Bürger, so hofft man, in der Wahlkabine zum Ausdruck bringt, nachdem er einen zumindest ungefähren Durchschnittswert seiner im Laufe eines Wahlkampfs empfundenen Gefühle ermittelt und eine nüchterne Abwägung des Für und Wider vorgenommen hat.

1995

XXXXXXXXXXXXXXXXXX Sie haben richtig gelesen: XXXXXXXXXXXXX

Es ist der Fälligkeitstag, die Redaktion des *Espresso* wartet auf meinen Streichholzbrief. Und ich habe nichts zu sagen. Oder besser, ich mag heute nichts sagen. Also: um den vorgesehenen Platz mit der Aussage zu füllen, daß ich nichts sagen möchte, werde ich mich mehr anstrengen müssen, als wenn ich ein beliebiges Thema behandeln würde, vielleicht angeregt durch irgendeine Agenturmeldung. Aber es scheint mir geboten, etwas zum Lob der Sprachlosigkeit zu sagen.

Ich weiß schon, man wird mich jetzt fragen, warum ich dann nicht einfach keinen Text schicke? Nun, weil ich eine Verpflichtung eingegangen bin, eine Zeitschrift lebt ihre Rhythmen, die Setzerei hat die Seite frei gelassen, wenn ich den Text nicht schicke, bringe ich einen Haufen Leute in Schwierigkeiten, die sich dafür abmühen, daß die Nummer erscheint. Ich kann sie nicht sitzenlassen.

Warum höre ich dann nicht ein für allemal auf? Wenn man seit dreißig Jahren für dasselbe Blatt schreibt, tut man das – wie soll ich sagen? – aus Treue, weil sich ein Dialog mit den Lesern gebildet hat, weil es feige wäre, sich fortzustehlen. Sicher, niemand ist unverzichtbar, aber wenn man gleichsam als Wache auf die letzte Seite des Hefts gestellt worden ist, hat man dort zu bleiben. Aus Sturheit, aus Loyalität, aus Gewohnheit. Und dann auch, weil es ja nächste Woche passieren könnte, daß ich etwas sagen möchte, und dann wär's blöd, wenn ich keinen Platz dafür hätte.

Nur um diesen Platz bereit zu haben, muß ich ihn besetzt halten. Wie jener Typ in Jules Vernes *Der Kurier des Zaren*, der, um den Telegrafen besetzt zu halten, damit ihn die Konkurrenz nicht benutzen kann, Passagen aus der Bibel telegrafiert.

Im Grunde müßte es journalistische Pflicht sein, auch einmal zu sagen: »Heute gibt es nichts zu berichten, beziehungsweise was wir zu berichten hätten, wäre bloß Routine, Kleinkram, Geschwätz. Das Übliche.« Nie etwas vortäuschen! Und doch ist das die Verdammung des Journalismus: Eine gegebene Anzahl von Seiten muß Tag für Tag oder Woche für Woche auf Biegen und Brechen gefüllt werden, auch wenn nichts passiert ist. Früher lösten die Zeitungen das Problem so: Wenn Ferragosto war und nichts passierte, erfand man etwas. Das Ungeheuer von Loch Ness war stets zur Stelle. Es war der Schutzpatron der Journalisten, es kam immer zur rechten Zeit, um das Schweigen zu bannen.

Heute nützt die große Schlange nichts mehr: Andere Ungeheuer stehen bereit, um schnell was zu sagen und morgen zu dementieren, so viele, daß ihre Worte im allgemeinen Lärm untergehen und schon vergessen sind, ehe es Abend wird.

Man kann über alles schreiben, weil die Leser am Ende alles vergessen; aber die Leser haben sich gerade deswegen so ans Vergessen gewöhnt, weil sie zuviel belangloses Zeug lesen müssen. Andererseits würden sie eine leere Seite nicht ertragen. Um zu wissen, daß es nichts zu wissen und nichts zu lesen gibt, wollen sie die Seite vollgeschrieben haben. So kommt es, daß eine Zeitung, um zu sagen, daß es nichts zu sagen gibt, sich nicht entblödet zu schreiben: »Der Soundso hat sein nächstes Buch noch nicht geschrieben.« Auch die Meldung, daß das Nichts nichtet, ist eine Nachricht.

Andererseits, was tun? Die Journalisten müssen den Kommunikationskanal in Betrieb halten. Wie der Leuchtturmwärter den Leuchtturm. Irgendwann wird der Kanal dazu dienen, etwas zu sagen, was zu verschweigen ein Verbrechen wäre.

Welch ein Traum, die berühmte erste Seite der Londoner *Times*, die nur aus Werbung bestand. »Heute ist nichts passiert, und das sagen wir euch dadurch, daß wir auf die erste Seite nur Kleinanzeigen setzen. Wir üben unseren Beruf aus, der darin besteht, euch zu sagen, was wichtig ist. Heute sagen wir euch, daß nichts wichtig ist.« Aber nicht einmal die *Times* befolgt heute noch diese goldene Regel.

Früher, wenn ich nichts Wichtiges fand, worüber ich schreiben konnte, habe ich kleine Spielchen gemacht, absurde Gedankenverbindungen, Anagramme. Aber unsere heutige Zeit scheint mir keine zum Spielen zu sein. Zu viele spielen inzwischen, und zwar russisches Roulette.

Heute ist mir wirklich danach, einfach gar nichts zu sagen. Ich habe nichts Neues, alles ist schon gesagt worden. Das ist die Nachricht, die zu geben ich die Pflicht habe. Es gibt Momente, in denen das Schweigen die einzige Nachricht ist. Aber wenn man schweigt, glauben die anderen, man hätte ein Geheimnis. Voilà, dies ist der Knüller: Ich habe nicht einmal Geheimnisse. Vielleicht haben Sie welche. Versuchen Sie doch mal, etwas Wichtiges zu schreiben. Ich biete Ihnen einen Absatz an. Ersetzen Sie jedes X durch einen anderen Buchstaben Ihrer Wahl, setzen Sie Leerpunkte ein und bestimmen Sie die Grenzen der Wörter.

Xxxxxxxxxxxxxxxxxxxxxxxxxxxxxxxxxxxxxxxxxxxxxxx
xxxxxxxxxxxxxxxxxxxxxxxxxxxxxxxxxxxxxxxxxxxxxxxxxxx
xxxxxxxxxxxxxxxxxxxxxxxxxxxxxxxxxxxxxxxxxxxxxxxxxxx
xxxxxxxxxxxxxxxxxxxxxxxxxxxxxxxxxxxxxxxxxxxx.

Entschuldigen Sie, wenn ich den Eindruck erweckt habe, ich sei faul. Ich bin im Gegenteil sehr fleißig und präzise: Ich habe nichts Interessantes zu sagen (das steht fest, ich könnte beim Leben meiner Kinder darauf schwören, wenn das nicht kitschig wäre), aber vielleicht liegt das daran, daß es tatsächlich nichts Interessantes zu sagen gibt. Ist das nicht eine tolle Nachricht? Sagen Sie jetzt bitte nicht, Sie wollten Ihr Geld zurückhaben. Teilen Sie die Zahl der Seiten dieses *Espresso* durch seinen Preis, und Sie werden feststellen, daß ich Ihnen ungefähr sechzehn Lire geraubt habe. Wenig dafür, daß Sie jetzt (für diesmal zumindest) die Wahrheit wissen, die ganze Wahrheit und nichts als die Wahrheit.

1994

Warum Bücher unser Leben verlängern

Wenn ich heute Artikel lese, die sich besorgt über die Zukunft der menschlichen Intelligenz äußern, weil neue Maschinen sich anschicken, unser Gedächtnis zu ersetzen, kommt mir das irgendwie bekannt vor. Wer sich ein bißchen auskennt, denkt sofort an jene oft zitierte Stelle aus Platons *Phaidros*, wo erzählt wird, wie der ägyptische König Thamus dem Gott Theuth, der die Schrift erfunden hat, erschrocken prophezeit, durch diese unselige Erfindung würden die Menschen verlernen, sich zu erinnern und folglich zu denken.

Das gleiche Erschrecken muß denjenigen überkommen haben, der zum ersten Mal ein Rad sah. Er wird gedacht haben, jetzt würden die Menschen das Gehen verlernen. Vielleicht waren die Menschen jener Zeiten begabter als wir zum Marathonlauf in Wüsten und Steppen, aber sie starben früher, und heute würden sie beim Militär wegen hoffnungsloser Disziplinlosigkeit ausgemustert. Damit will ich nicht sagen, daß wir uns über nichts Sorgen zu machen brauchen und daß wir eine schöne gesunde Menschheit haben werden, die gewohnt ist, Picknick auf der Wiese von Tschernobyl zu machen; allenfalls hat uns die Schrift befähigt, schneller zu begreifen, wann wir anhalten müssen, und wer nicht anhalten kann, ist ein Analphabet, auch wenn er sich auf vier Rädern bewegt.

Ein Unbehagen gegenüber neuen Formen von Gedächtnisspeicherung hat sich zu allen Zeiten gemeldet. Angesichts der gedruckten Bücher – gedruckt auf dünnem Papier, das befürchten ließ, es werde nicht länger als fünfbis sechshundert Jahre halten, zumal wenn man bedachte, daß diese Dinger nun durch alle Hände gehen konnten, wie Luthers Bibel – gaben die ersten Käufer ein Vermögen aus, um die Anfangsbuchstaben der Kapitel von Hand malen zu lassen, damit es so aussah, als besäßen sie echte Handschriften auf Pergament. Heute sind diese illustrierten Inkunabeln unbezahlbar, aber die Wahrheit ist, daß gedruckte Bücher es nicht mehr nötig hatten, mit Miniaturmalerei versehen zu werden. Was haben wir also gewonnen? Was hat die Menschheit gewonnen durch die Erfindung der Schrift, des Buchdrucks, der elektronischen Gedächtnisse?

Der Verleger Valentino Bompiani hat einmal das Motto geprägt: »Ein Mensch, der liest, taugt soviel wie zwei.« Aus dem Munde eines Verlegers könnte das bloß wie ein guter Werbespruch klingen, aber ich denke, es sollte bedeuten, daß die Schrift (allgemein die Sprache) das Leben verlängert. Seit den Tagen, da unsere Spezies begann, ihre ersten bedeutungstragenden Laute auszustoßen, hatten die Familien und Stämme einen Bedarf an Alten. Vorher waren die Alten vielleicht noch unnütz gewesen und wurden weggeworfen, wenn sie nicht mehr jagen konnten. Aber mit dem Aufkommen der Sprache wurden sie zum kollektiven Gedächtnis der Spezies: Sie saßen in der Höhle am Feuer und erzählten, was vor der Geburt der Jungen geschehen war (oder was als geschehen berichtet wurde – das ist die Funktion der Mythen). Bevor man dieses gesellschaftliche Gedächtnis zu kultivieren begann, kam der Mensch ohne Erfahrung zur Welt, lebte nicht lange genug, um sich eine zu erwerben, und starb. Nach jenem einschneidenden Datum konnte ein Zwanzigjähriger so erfahren sein, als hätte er fünftausend Jahre gelebt. Die Geschehnisse vor seiner Geburt und das, was die Alten gelernt hatten, wurden zu einem Bestandteil seines Gedächtnisses.

Heute sind die Bücher unsere Alten. Wir machen es uns nicht bewußt, aber unser Reichtum verglichen mit dem des Analphabeten (oder des Lesekundigen, der nicht liest) ist, daß er bloß sein eigenes Leben lebt und leben wird und wir viele gelebt haben. Wir erinnern uns nicht nur an unsere eigenen Kinderspiele, sondern auch an diejenigen von Proust, wir haben gezittert wegen unserer Liebe, aber auch wegen der von Pyramus und Thisbe, wir haben etwas von der Weisheit Solons assimiliert, wir haben in gewissen windigen Nächten auf Sankt Helena mitgebibbert, und wir wiederholen zusammen mit den Märchen, die unsere Großmütter uns erzählt haben, auch diejenigen, die Scheherazade erzählt hat.

Auf manche mag dies alles so wirken, als seien wir, kaum geboren, schon unerträglich alt. Noch hinfälliger ist jedoch der Analphabet (der echte oder der funktionale), der seit seiner Kindheit an Arteriosklerose leidet und sich nicht erinnern kann (weil er's nie gewußt hat), was an den Iden des März geschehen ist. Natürlich könnten wir auch Erlogenes im Gedächtnis speichern, aber lesen hilft auch zu unterscheiden. Der Analphabet, der nichts vom begangenen Unrecht der anderen weiß, kennt auch die eigenen Rechte nicht.

Das Buch ist eine Lebensversicherung, ein kleiner Vorschuß auf Unsterblichkeit. Leider nach hinten gerichtet anstatt nach vorn. Aber man kann nicht alles haben.

1991

Lob der Klassiker

Es heißt, in dieser Zeit der Krise des Buches verkaufen sich die Klassiker gut. Und nicht nur die im billigen Taschenbuch, sondern auch die im Schuber. Und nicht nur die der ersten Garnitur wie Platon, sondern auch die der zweiten wie Cicero; und da sowohl Materialisten wie Epikur als auch Pantheisten wie Plotin gelesen werden, ist hier weder die Wiedergeburt der Rechten noch der Vormarsch der Linken im Spiel. Sagen wir, die Verleger haben in richtigem Gespür für die Publikumsstimmung erkannt, daß in einer Zeit des Zerfalls und Umbruchs aller Werte die Leser nach etwas Gesichertem suchen. Warum geben die Klassiker Sicherheit? Weil ein Klassiker ein Autor ist, der besonders in Zeiten, als man noch mit der Hand abschrieb, viele dazu gebracht hat, ihn abzuschreiben, und dem es über die Jahrhunderte gelungen ist, die Trägheit der Zeit und die Sirenen des Vergessens zu besiegen. Gewiß haben sich auch Autoren gerettet, die ihr Pergament nicht wert waren, während andere, vielleicht allergrößte, zu ewigem Vergessen verdammt worden sind. Aber aufs Ganze gesehen hat die Gemeinschaft der Menschen mit gutem Sinn und Verstand reagiert, und es besteht große Wahrscheinlichkeit, daß ein Autor, der zum Klassiker geworden ist, uns noch etwas Gutes zu sagen hat.

Ein zweiter Grund ist, daß wir in Krisenzeiten Gefahr laufen, nicht mehr zu wissen, wer wir sind. Ein Klassiker sagt uns aber nicht nur, wie man in einer fernen Zeit dachte, sondern läßt uns auch entdecken, daß und warum wir heute noch oft ganz ähnlich denken. Einen Klassiker zu lesen ist so, als psychoanalysierte man unsere gegenwärtige Kultur, man findet Spuren, Erinnerungen, Grundmuster, Urszenen … Sieh da, ruft man aus, jetzt verstehe ich, warum ich so bin – oder warum mich jemand partout so haben will: Die Sache hat genau mit dem angefangen, was ich gerade lese! Und so entdeckt man auf einmal, daß wir im Grunde noch immer Aristoteliker oder Platoniker oder Augustinianer sind, nicht nur in der Art, wie wir unsere Erfahrung organisieren, sondern auch und sogar in der Art, wie wir manchmal dabei in die Irre gehen.

Die Lektüre der Klassiker ist eine Reise zu den Wurzeln. Oft sucht man die Wurzeln nicht aus Sehnsucht nach etwas, das man gekannt hat, sondern in dem vagen Gefühl, daß man aus einem unbekannten Stamm hervorgegangen sein könnte. Der gebürtige Amerikaner, der unversehens das Bedürfnis nach einer *Rückkehr* (obwohl er noch niemals dort war) in das Land seiner Großeltern verspürt, macht eine Reise, zu der ihn eine virtuelle Sehnsucht treibt. Jeder Leser, der die Klassiker entdeckt, ist ein seit vielen Generationen naturalisierter Amerikaner, der das Bedürfnis verspürt, etwas über seine Vorfahren zu erkunden, um ihre Gegenwart in seinen Gedanken, Gesten und Gesichtszügen wiederzufinden.

Die andere schöne Überraschung, die uns die Klassiker oft bereiten, ist die Erkenntnis, daß sie moderner waren als wir. Ich bin immer ganz bestürzt, wenn gewisse Denker in Übersee, die kulturell entwurzelt sind und deren Bibliographien nur Bücher aus dem letzten Jahrzehnt verzeichnen, eine neue Idee aufs Tapet bringen, sie womöglich schlecht entwickeln und gar nicht wissen, daß eine ähnliche Idee schon vor tausend Jahren viel besser entwickelt worden ist (oder sich schon vor tausend Jahren als unergiebig erwiesen hat).

Dieser Tage erhielt ich einen Band mit ausgewählten Schriften von Augustinus (*Il maestro e la parola*, Rusconi, zweisprachig, herausgegeben von Maria Bettetini). Er enthält vier kleine Traktate, von denen ich den Dialog *De magistro* zu lesen empfehle. Man könnte sagen, er erinnere an den besten Wittgenstein, wenn Wittgenstein nicht an den besten Augustinus erinnern würde. Aus einem simplen Spaziergang mit Adeodatus, seinem natürlichen Sohn (jawohl, bevor Augustinus Kirchenvater und Heiliger wurde, hatte er einiges angestellt), zieht der Vater-Lehrer eine Reihe schöner Erkenntnisse über das, was sprechen heißt. Ich sage »aus einem Spaziergang« und nicht »während eines Spaziergangs«, weil es gerade die körperliche Erfahrung des Gehens ist, die Augustinus manchmal dazu bringt, besser erklären zu können, wie wir die Wörter durch Gesten, Bewegungen, Stehenbleiben und Beschleunigungen des Ganges gebrauchen ... Wenn ein Klassiker uns so nahe ist, bedauern wir, ihn nicht schon früher gelesen zu haben.

Neulich kam ein Philosophiestudent zu mir und fragte mich, was er lesen solle, um gut argumentieren zu lernen. Ich riet ihm zu Lockes *Versuch über den menschlichen Verstand*. Er fragte, warum gerade dieses Buch, und ich antwortete, wenn ich in anderer Stimmung gewesen wäre, hätte ich ihm statt dessen auch sehr gut einen Dialog von Platon oder Descartes' *Discours de la méthode* nennen können. Aber da man schließlich irgendwo anfangen muß, werde er mit Locke das Beispiel eines Mannes haben, der gut zu argumentieren verstand, während er liebenswürdig mit Freunden plauderte, und ohne daß er es nötig hatte, schwierige Wörter zu gebrauchen. Der Student wollte wissen, ob ihm die Lektüre bei einer bestimmten Arbeit helfen würde, die er gerade machte. Ich antwortete, sie würde ihm auch helfen, wenn er Gebrauchtwagenhändler wäre. Er würde einfach einen Menschen kennenlernen, den kennenzulernen sich lohne. Dazu verhilft einem die Lektüre der Klassiker.

1993

Die erste Pflicht der Intellektuellen: zu schweigen, wenn sie zu nichts nützen

Entschuldigung für das abgenutzte Zitat: »Glücklich das Land, das keine Helden braucht«, aber Helden sind Leute, denen die Mythologien übermenschliche Kräfte zuweisen, damit sie tun, was gewöhnliche Menschen nicht können. Wer sie zu Hilfe ruft, läßt immer ein Ohnmachtssyndrom erkennen, der Glaube, daß es sie gibt, ist eine Entschuldigung für das eigene Nichtstun. Wenn in einem Land die Eisenbahn nicht funktioniert, muß man nicht einen rettenden Helden anrufen, sondern sich fragen, ob die Schuld bei den Bahnhofsvorstehern, beim Generaldirektor oder bei anderen liegt. Eine der pathetischsten Attitüden unseres Jahrhunderts besteht darin (schuld daran ist, glaube ich, Julien Benda), in jeder gesellschaftlichen oder politischen Krise über den Verrat der Intellektuellen zu klagen oder sie zu Hilfe zu rufen, auf daß sie alle schwierigen Probleme lösen. Vor Jahren hat Jacques Attali einmal in Paris einen Riesenkongreß über das Thema »Die Intellektuellen und die Krisen unseres Jahrhunderts« veranstaltet; mein Beitrag beschränkte sich auf wenige Worte: »Beachten Sie, daß die Intellektuellen die Krisen von Berufs wegen produzieren, aber nicht lösen.« Krisen zu produzieren ist keine schlechte Sache. Wissenschaftler, Philosophen und Schriftsteller melden sich zu Wort, um zu sagen: »Ihr habt geglaubt, die Dinge verhielten sich soundso, aber ihr habt euch in einer Illusion gewiegt, denn sie sind sehr viel komplexer.« So taten es die Intellektuellen, die wir in der Schule studierten, ob sie nun

Parmenides, Einstein, Kant, Darwin, Machiavelli oder Joyce hießen.

Nimmt man sie für das, was sie uns zu sagen haben (wenn sie es können), dann sind die Intellektuellen nützlich für die Gesellschaft, aber nur langfristig. Kurzfristig können sie bloß Experten des Wortes und der Recherche sein, Leute, die eine Schule verwalten, die das Pressebüro einer Partei oder eines Unternehmens leiten, oder auch Leute, die zur Revolution blasen, womit sie aber nicht ihre spezifische Funktion erfüllen. Zu sagen, daß sie in langen Zeiträumen arbeiten, heißt, daß sie ihre Funktion *vor* und nach den Ereignissen ausüben, nie aber *während* diese geschehen. Als die Dampflokomotive aufkam, konnten Volkswirtschaftler oder Geographen einen Alarmruf über die Veränderung des Landverkehrs ausstoßen und die voraussichtlichen Vor- und Nachteile dieser Veränderung analysieren; oder sie konnten hundert Jahre später eine Untersuchung durchführen, um zu zeigen, wie gründlich jene Erfindung unser Leben umgewälzt hat. Aber in dem Moment, als die Postkutschenhersteller ihre Produktion einstellen mußten oder die ersten Lokomotiven unterwegs stehenblieben, hatten die Intellektuellen nichts zu sagen, jedenfalls sehr viel weniger als ein Postillon oder ein Lokführer, und wer an ihr geflügeltes Wort appelliert hätte, wäre nicht besser gewesen als einer, der Platon vorwirft, daß er kein Heilmittel gegen die Gastritis erfunden hat.

Wenn das Haus brennt, kann der Intellektuelle nur versuchen, sich wie ein normaler vernünftiger Mensch zu verhalten, wie jeder andere auch. Wenn er meint, er habe eine besondere Mission, bildet er sich etwas ein, und wer ihn anruft, ist ein Hysteriker, der die Telefonnummer der Feuerwehr vergessen hat.

Ein gut informierter Soziologe konnte vor dreißig Jahren warnend darauf hinweisen, daß die Wohlstandsentwicklung, begleitet vom verzögerten Eintritt der Jugendlichen in die Arbeitswelt, Formen von juveniler Verwirrung hervorrufen werde (Drogenmißbrauch, Steinewerfen von Brücken etc.), und in diesem Sinne hätte er Ratschläge geben können, wie dem Phänomen präventiv zu begegnen sei. Aber in dem Moment, in dem Jugendliche Steine von Brücken werfen, ist das einzige, was man von einem Intellektuellen erwarten kann, daß er nicht ebenfalls welche wirft. Wenn er einen geharnischten Aufruf gegen das Steinewerfen von Brücken verfaßt, verhält er sich nicht als Intellektueller, sondern nutzt einfach eine öffentliche Empörung, um sich in ein gutes Licht zu stellen und dazu noch das Honorar für den Artikel einzustreichen. In jenem Moment kommt die Rettung nicht durch den Intellektuellen, sondern durch die Polizei oder den Gesetzgeber.

Es gibt nur einen Fall, in dem der Intellektuelle eine ihm eigene Funktion im Hinblick auf die gerade ablaufenden Ereignisse hat: wenn etwas Schwerwiegendes geschieht und niemand es bemerkt. Nur in solchen Fällen kann sein Appell als ein Alarmruf nützen. Zwar würde dann jeder beliebige Rufer die intellektuelle Funktion ausüben, auch wenn er bloß der Klempner wäre, aber es kann sein, daß die öffentliche Bekanntheit einer Person dem Appell mehr Aufmerksamkeit verschafft (siehe Zolas berühmtes *J'accuse*). Das alles hat freilich nur Sinn, wenn noch niemand bemerkt hat, daß etwas schiefläuft. Sind sich jedoch alle des Problems bewußt, so tut der Intellektuelle besser daran, nicht unnützerweise (um Dinge zu sagen, die auch sein Hausmeister denkt) Zeitungs- und Magazinseiten zu füllen, die für Nachrichten und dringendere

Debatten frei bleiben müssen. In welchen er sich dann so verhalten muß, wie es jeder verantwortliche Bürger in schwierigen Lagen tun sollte.

1997

Geschichte von Angelo Orso

Anruf einer Journalistin, die für einen Artikel über Kinderspielzeug recherchierte und mich fragte, woran ich mich erinnerte. Mir fiel sofort Angelo Orso ein. Auf die Frage, welches Ende es mit ihm genommen habe, antwortete ich, daran könne ich mich nicht erinnern, und in der Tat hatte ich die Geschichte in jenem Moment nicht mehr ganz im Kopf. Als dann der Artikel erschienen war, rief mich meine Schwester ganz entrüstet an und fragte, ob das Voranschreiten der Jahre mir mein Gedächtnis getrübt habe. Sei es möglich, daß ich mich nicht mehr an die Beisetzung von Angelo Orso erinnern könne? Ja, stimmt, hätte ich müssen. Und langsam ist mir dann alles wieder eingefallen.

Angelo Orso war ein klassischer Teddybär, plüschig und gelbbraun, vielleicht eines der ersten Spielzeuge, das wir geschenkt bekommen hatten. Aber solange wir noch sehr klein waren und er nagelneu, hatte er uns nur vage interessiert. Mit dem Älterwerden hatte Angelo Orso jedoch eine gerupfte Weisheit und hinkende Autorität erworben, und er erwarb immer mehr davon, als er nach und nach, wie ein alter Haudegen in vielen Schlachten, erst ein Auge und dann einen Arm verlor (da er entweder stand oder saß und niemand es gewagt hätte, ihn auf den Bauch zu legen, besaß er Arme und Beine wie ein richtiger Mensch, nicht bloß metaphorisch).

Allmählich war er dann zum König unserer Spielsachen geworden. Auch wenn in einem umgedrehten Hocker, der als gepanzerter Truppentransporter fungierte, meine

Spielsoldaten in See stachen, um den Ozean des Flurs oder das Meer des Kämmerchens zu überqueren, saß er ohne Rücksicht auf alle Proportionen mit an Bord, Gulliver zwischen ihm hörigen und ergebenen Liliputanern, die inzwischen noch invalider waren als er, da einige den Kopf oder eine Extremität verloren hatten, so daß aus ihren brüchigen und inzwischen farblosen Preßstoff-Leibern kleine Haken aus Eisendraht ragten.

Angelo Orso (unisex) war natürlich auch Herrin der Puppen. Er herrschte über das ganze häusliche Spielzeug, einschließlich der hölzernen Eisenbahn und der Bauklötze. Mit der Zeit – und mitgenommen von seinen tausend Pflichten – hatte Angelo Orso das zweite Auge, den zweiten Arm und ein Bein verloren. Auch weil ihn ein roher Cousin in Kämpfe zwischen Cowboys und Indianern verwickelte und oft an den Bettpfosten band, um ihn unsäglichen Auspeitschungen zu unterziehen, die wir (und er, Angelo) hinnahmen, ohne darin eine Minderung seiner Königswürde zu sehen, denn ein Spielzeug muß, selbst wenn es Autokrat ist, vielerlei schwierige Rollen erfüllen.

So vergingen die Jahre, und aus dem verstümmelten Torso des Sohlengängers kamen allmählich Strohbüschel heraus. Bei unseren Eltern hatte sich das Gerücht verbreitet, der kranke Körper beginne Insekten zu nähren, vielleicht Bakterienkulturen, und wir wurden liebevoll dazu angeregt, diesem armen Überrest eine Bestattung angedeihen zu lassen. Es tat nachgerade weh, den armen Bären zu sehen, der sich in keiner Stellung mehr aufrecht halten konnte, ein hilfloses Opfer jener langsamen Ausweidung und jenes unschicklichen Austretens innerer Organe, die seine einstige Würde kompromittierten.

So bildeten wir eines Tages, früh am Morgen, als der Vater die Zentralheizung anzündete, die von der Küche aus alle Heizkörper der Wohnung mit Leben erfüllte, einen langsamen, feierlichen Zug. Neben dem Heizkessel waren alle verbliebenen Spielsachen aufgereiht, ich trug ein Kissen vor mir her, auf dem die Reste des Verblichenen ruhten, und ich glaube, alle Mitglieder der Familie folgten mir, vereint in derselben schmerzlichen Ehrfurcht.

Angelo Orso wurde dem Rachen jenes flammenden Baals übergeben, der teure Verblichene loderte auf und erlosch. Und mit ihm endete zweifellos eine Epoche. Das war, ich bin sicher, bevor die ersten feindlichen Flieger unsere Stadt bombardierten, denn von da an war auch die Zentralheizung erloschen, die einen so unersättlichen Appetit auf Eierbriketts hatte, und durch einen Holzofen ersetzt worden, der nur die Küche wärmte.

Warum erinnere ich hier an Angelo Orso? Weil auch die Zeiten verschwunden sind, in denen ein Kind mit ein und demselben Spielzeug fast zehn Jahre leben konnte – so lange nämlich hatte das glückliche Leben Angelo Orsos gewährt. Heute kosten die Spielsachen weniger und gehen früher kaputt, genau wie die kleinen Radios, die alle paar Monate ausgewechselt werden und den Zerfall der Familien nicht überleben, wie es einst die Geräte von Telefunken oder Marelli taten. Ich glaube, es ist hart für ein Kind, nicht mehr fast sein ganzes Kinderleben einem einzigen magischen Gegenstand widmen zu können, um den sich Erinnerungen und Gefühle wie eine Kruste legen. Als müßte man auf ein Tagebuch verzichten oder in einem Land ohne Denkmäler leben.

1992

Der Kormoran von den Shetland-Inseln

Ich traf den Kormoran in einer VIP-Lounge am Flughafen. Eine freundliche junge Dame bat ihn, nicht die eleganten Sessel zu beschmutzen, und ich bot ihm an, meinen Regenmantel über einen davon zu breiten. Ich wußte, daß der Mantel dann ruiniert sein würde, völlig durchtränkt von Öl und Seewasser, aber ich vertraute auf die Bereitschaft der Redaktion, ihn mir zu ersetzen. Wenn ich ihr solch einen Knüller bringen würde … Der Gefiederte nahm dankend an, und so war das Eis gebrochen. Hier das Interview.

Ich: Guten Tag, Herr Kormoran, wie kommt es, daß Sie hier sind? Ich dachte, Sie wären noch auf den Shetland-Inseln.

Kormoran: Da muß ich morgen wieder hin, leider. Stellen Sie sich vor, man zahlt mir die erste Klasse für einen kurzen Sprung an einen Ort, dessen Namen ich noch nie gehört habe. Aber wie es scheint, treibt dort ein Öltanker steuerlos in den Wellen, das Öl könnte sich mit einem Schlag ins Meer ergießen, die TV-Stationen wollen pünktlich zur Stelle sein, und wenn man unter Vertrag ist … Ein schrecklicher Beruf, das kann ich Ihnen versichern.

Ich: Machen Sie niemals Urlaub?

Kormoran: Wo denken Sie hin, Sie lesen doch auch die Zeitungen, ein Krieg da, ein Sturm dort, die Meere sind eine einzige schwarze Brühe geworden, und schon heißt es wieder, hier bitte, Herr Kormoran, setzen Sie sich in Pose, bitte nicht in die Kamera blicken, zupfen Sie sich mit dem Schnabel die Federn zurecht, machen Sie ein betrübtes Gesicht …

Ich: Gibt es denn keine anderen Kormorane auf dem Markt?

Kormoran: Die Arbeit ist nicht so leicht. Meine Eltern haben dabei ihr Leben verloren. Die sich retten konnten, ziehen es vor, als freie Waldvögel zu leben, und das ist keine Metapher. Sie versuchen, sich anderswo einzugewöhnen, in den Hügeln, im Gebirge, aber es ist nicht leicht, dort Fische zu finden, höchstens ab und zu eine Forelle. Ich hab schon zu tief dringesteckt, sehen Sie nur, wie verklebt ich bin. Das geht nicht mehr ab, nicht mal mit dieser Flüssigkeit, die so in den Augen brennt. Da konnte ich auch genausogut dieses klebrige Zeug behalten und damit meinen Lebensunterhalt bestreiten. Ich werde gut bezahlt, ich muß nur bereit sein, vor einem Monat war ich in Galizien, das haben Sie sicher gelesen, danach auf den Shetlands, und wer weiß, wohin ich übermorgen muß. Und angefangen hatte ich noch vor dem Golfkrieg.

Ich: Aber die Bilder von jenem Krieg damals haben Ihren Ruhm und Erfolg begründet.

Kormoran: Ja, damals bin ich entdeckt worden. Vorher haben sie mich zwar aufgenommen, aber dann nicht gesendet. Mit dem Golfkrieg ist der Durchbruch gekommen. Aber es ist sehr anstrengend, jeden Tag auf dem Set, und jedesmal absorbiert man neues Öl, der Organismus ist schon ganz verseucht, man muß schnell einen Batzen Geld verdienen, und dann ist man chronisch krank. Wollen wir hoffen, daß ich eine kleine Insel abseits der Handelsrouten finde, wo ich das bißchen, was mir vom Leben noch bleibt, in Ruhe verbringen kann.

Ich: Könnte man denn nicht auch eine Möwe, eine Robbe, einen Pinguin nehmen und sie womöglich einfach mit Schlamm zurechtschminken, mit dem aus den Thermalbädern?

Kormoran: O nein, das ist eine Frage der Professionalität. Es heißt ganz zu Recht, wenn Tiere geschminkt werden, verlieren sie ihre Spontaneität. Das ist wie bei den Filmen von Visconti, wenn der Schauspieler von einer Schachtel voller Juwelen sprechen sollte, dann mußten Juwelen in der Schachtel sein, auch wenn sie gar nicht geöffnet wurde, und es mußten Juwelen von Bulgari sein. Außerdem haben wir Kormorane gerade die richtige Größe für den Bildschirm, von mir können Sie Nahaufnahmen machen, und man sieht alles. Stellen Sie sich vor, ich wäre ein Elefant, dann ginge es nur mit Totalen.

Ich: Aber wäre es nicht ergiebiger, ein menschliches Wesen zu nehmen, ein Kind, am besten ein noch ganz unverbrauchtes, eins von denen, die es zu kaufen gibt?

Kormoran: Ich bitte Sie! Menschenkinder rühren doch nicht. Stellen Sie sich vor, ich habe sogar ein Angebot von der Unicef bekommen. Die haben versucht, unterernährte afrikanische Kinder zu zeigen, solche mit Trommelbauch und Fliegen im Gesicht, aber das macht den Leuten bloß Ekel. Sie zappen weiter. Tiere dagegen wecken Mitleidsgefühle.

Ich: Also denken Sie nicht daran, die Ölbranche zu verlassen?

Kormoran: Nein, die Ölbranche hat Zukunft, die Leute brauchen Energie, verseuchte Meere gibt's zum Glück immer mehr, ich könnte gut allein von auseinanderbrechenden Tankern und bombardierten Ölquellen leben. Aber Sie verstehen, wenn man einmal im Fernsehen anfängt, wollen sie einen überall haben, bei American Express, bei Benetton, im Parlament ... das ist eine Spirale. Nächstes Jahr wollen sie mich benutzen, um die Leute davon abzubringen, an Ferragosto die Autobahn zu nehmen.

Ich: Genügen dafür nicht die Fotos von zermatschten Autos und verkohlten Leichen?

Kormoran: Ich hab's Ihnen schon gesagt, eine verkohlte Familie bringt wenig. Aber wenn die Familie mit einem Tanklaster zusammenkracht und das Öl auf die Straße läuft und der Kormoran auftaucht und sich das Gefieder verklebt, dann fangen die Leute an, darüber nachzudenken. Was wollen Sie, ich verdiene daran, das ist wahr, aber meine Arbeit ist auch eine Bürgerpflicht, eine Mission.

Die freundliche junge Dame kam und fragte den Kormoran, ob er einen Whisky wünsche, doch er lehnte ab. »Vielleicht habe ich mich bloß noch nicht daran gewöhnt«, sagte er, »aber für mich schmeckt er immer nach Öl.« Sein Flug wurde aufgerufen. Er watschelte gesenkten Hauptes davon, eine schimmernde Ölspur auf dem blanken Parkett hinterlassend und immer in Gefahr, darauf auszurutschen. Ein letztes Mal blickte er zurück. »Danke«, rief ich ihm nach, »auch im Namen aller Kinder der Welt.«

1993

Mama, was bedeutet »Bruder«? Perspektiven für das dritte Jahrtausend

Kürzlich las ich wieder mal eine der bizzarren Statistiken, die uns das Magazin des *Corriere della sera* jeden Freitag beschert. Demnach werden sich die Italiener aufgrund ihrer kontinuierlich sinkenden Geburtenrate im Jahre 2030 auf lediglich 18 oder sogar bloß 11 Millionen reduziert haben. Um ihren Nachwuchsmangel zu kompensieren, wären mindestens 300 000 Einwanderer pro Jahr erforderlich. Ich gebe diese Zahl an die über den Verfall und die Verunreinigung unserer Rasse besorgten Parteien weiter. Hoffen wir nur, daß ihre Adepten nicht darauf verfallen, Abhilfe durch beschleunigte Vermehrung ihrer selbst zu schaffen, denn in puncto Verunreinigung weiß ich nicht, welche die schlimmere wäre.

Aber auch bei fortlaufendem Austausch durch Einwanderer, um die gegenwärtige Geburtenrate aufrechtzuerhalten, werden die Italiener irgendwann zwischen 2150 und 2200 vom Angesicht der Erde verschwunden sein. Menschen aller Hautfarben werden an ihre Stelle treten, und wir werden uns ungefähr in der Situation befinden, in der das Römische Reich vor seinem Zusammenbruch war; vielleicht könnte eine sarmatische Welle oder eine Reihe von Anreizen für die Grönländer dazu führen, daß eine ganz neue Bevölkerung entsteht, die sich brav in die Schlange stellt und ihre Steuern bezahlt. Wahrscheinlicher dürfte es sein, daß die Apenninenhalbinsel ein Durchgangsland ohne feste Ansiedlungen wird.

Doch zurück zu den Statistiken. Da in anderen Kontinenten die Geburtenrate kontinuierlich steigt, werden im Jahre 2025 zwei Milliarden und zweiundvierzig Millionen Menschen zwölf bis vierundzwanzig Jahren alt sein. Die meisten davon werden *meninhos da rua* sein: Straßenkinder, Bewohner der Wellblechbarackenstädte. In Afrika wird die Stadtbevölkerung im nächsten Jahrhundert zu 80 Prozent aus Jugendlichen bestehen; andererseits werden 23 Prozent aller Jugendlichen in einer asiatischen Megalopolis und 21 Prozent in einer südamerikanischen Megalopolis leben. Ich stelle mir vor, es werden Städte mit mindestens 60 Millionen Einwohnern sein; und durch die Vergiftung der Umwelt wird sich die Zahl der Alten noch weiter vermindern.

Kein Grund zur Aufregung: So wie die Etrusker verschwunden sind, werden auch die Italiener verschwinden. Seit einiger Zeit wird ja schon gesagt, daß wir uns auf ein farbiges Europa einrichten müssen, und das wahre Problem ist, ob diese Nicht-Europäer dann noch an die Sorbonne und nach Oxford gehen können (vergessen wir nicht, daß auch Augustinus ein Afrikaner war). Wenn jedoch auch Siena – nur so als Beispiel – ein Mega-Slum würde, bewohnt von chinesischen Jugendlichen, die auf kongolesische Jugendliche schießen, dann wäre das schade (für Siena, für die Chinesen und für die Kongolesen).

Ich gehöre zu denen, die der Meinung sind, daß es, um die Bevölkerungsexplosion einzudämmen, einer klugen Politik der Erziehung zur Geburtenkontrolle bedarf. Das Vertrauen, das viele in die Vorsehung haben, kann mich nicht beruhigen. Und da die Schönheit dieses Planeten auch aus den kulturellen und ethnischen Unterschieden besteht, könnte Geburtenkontrolle heißen, die Geburten auch positiv zu kontrollieren; damit will ich sagen, daß es zwischen der Vorstellung, die Italiener sollten sich über die Welt verstreuen und sie erobern, und der Meinung, es wäre nicht weiter schlimm, wenn sie verschwänden, vielleicht einen Mittelweg gäbe: Vielleicht würde es sich lohnen, einige Italiener zu behalten (wenn auch gebührend vermischt mit Zugewanderten). Aber nötig wäre in jedem Fall eine wohldurchdachte Erziehung zu vernünftiger und verantwortlicher Fortpflanzung.

Freilich können auch solche Lösungen zu kuriosen, um nicht zu sagen dramatischen Konsequenzen führen. Letzte Woche machte mich ein Freund darauf aufmerksam, was geschehen könnte (ja sicher geschehen würde), wenn man überall in der Welt die von den Chinesen beschlossene Notlösung übernähme: Jedes Paar darf nur ein Kind haben. So gesagt, klingt es ganz vernünftig: pro Familie nur *ein* neuer Italiener, nur *ein* neuer Kongolese, nur *ein* neuer Inder usw. Die gegenwärtigen Proportionen (nach denen die Albaner geringer an Zahl sind als die Japaner) blieben mehr oder minder erhalten, und vielleicht bliebe auch genügend Raum und Nahrung für alle. Aber Vorsicht. Nach zwei bis drei Generationen würden die Wörter »Bruder«, »Schwester«, »Onkel«, »Tante«, »Vetter« und »Cousine« ihren Sinn verlieren. Um die Vettern und Cousinen wäre es nicht weiter schade, und schweigen wir über die Onkel und Tanten, aber ist uns klar, was es heißt, wenn für einen Jungen in der Mitte des nächsten Jahrtausends der Begriff »Brüderlichkeit« jeden Sinn verloren hat? Sicher, er wird durch irgendwas anderes ersetzt werden, vielleicht wird man zur Erklärung des Evangeliums sagen, wir sollten einander lieben wie Wohnungsnachbarn oder wie Schulkameraden oder wie Fahrgäste im selben Bus, aber wird es dasselbe sein?

Andererseits, welchen Sinn wird Brüderlichkeit für jemanden haben, der fünfzehn Brüder hat und sich über jeden Bissen mit ihnen streitet, vielleicht ohne sie überhaupt zu kennen, da ihn die Eltern ausgesetzt haben in einer Stadt, deren Ressourcen nur für ein Zehntel ihrer Einwohner reichen? In beiden Fällen also, ob durch Mangel oder durch Überfluß, werden in einer übervölkerten Welt die Begriffe »Stamm«, »Sippe«, »Familie« jeden Sinn verlieren.

Es sei denn, daß die Vorsehung oder die Natur eingreift, um durch rabiate Pestepidemien und/oder einen Dauerkrieg, der großzügige Massaker garantiert, das Gleichgewicht wiederherzustellen. Was zumindest im Augenblick die offenkundigste und nächstliegende Perspektive zu sein scheint.

1995

Chopin contra Derrick? Versuchen wir das Unmögliche

Von Anfang an haben wir für diese Kolumne festgelegt, daß sie nicht an die Aktualität gebunden sein darf. Daher fühle ich mich ermächtigt zu berichten, was mir an jenem fernen Abend des 13. Juni 1995 durch den Kopf ging, als ich die Ergebnisse des Referendums über das Fernsehen hörte. Warum ich das jetzt erst tue und nicht schon damals? Nun, wie jemand bei Hugo Pratt sagte (ein bizarrer Dankali, scheint mir), »weil es mir so gefällt«.

An jenem Abend dachte ich mir, wenn einem durchschnittlichen Italiener die Frage vorgelegt worden wäre: »Hätten Sie es lieber, daß die privaten Fernsehsender einem einzigen gehören, oder daß sie die Standpunkte verschiedener Besitzer ausdrücken?« (statt der Frage des Referendums: ob Berlusconis Fernsehmacht eingeschränkt werden solle, ja oder nein), dann wäre die Antwort klar gewesen: natürlich ja. Aber das Gegenteil ist geschehen. Dafür muß es eine Erklärung geben, und es genügt nicht zu sagen, daß für das »Nein« eine so massive Werbung im Fernsehen gemacht worden war. Wenn mit der gleichen massiven Werbung versucht worden wäre, all jene Millionen Italiener zu überreden, am Tag des Referendums eine Stunde Gymnastik zu treiben, dann wäre die Antwort kaum so eindeutig ausgefallen. Der Grund ist, denke ich, daß all jene, die mit Nein gestimmt haben, und der größte Teil derer, die sich enthalten haben, das Fernsehen nicht als politisches Subjekt wahrnehmen. Daß aus dem Kasten auch Nachrichten und Diskussionen kommen, ist für sie nebensächlich; er ist in erster Linie ein elektrisches Haushaltsgerät, unverzichtbarer und nahrhafter als der Kühlschrank. Und all diesen Italienern war es nun so vorgekommen, als wollten andere (die Anhänger des »Ja«) einen magischen Kasten, der per definitionem nicht politisch sein kann (sein darf), unerlaubterweise in einen politischen Streit hineinziehen.

Wenn dem so war, dann liegt auf der Hand, daß sich, je mehr die Propaganda für das Ja politische Gründe ins Feld führte (Freiheit und Meinungsvielfalt, gegen zuviel Konzentration usw.), in den Köpfen der Fernsehzuschauer die Idee festsetzte, man wolle die Welt der privaten Gefühle politisieren. Und so hat die Propaganda für das Nein gesiegt, die sich nicht etwa auf politische Argumente gründete (wie Meinungsfreiheit und andere Vorwände), sondern auf ein einfaches »Nehmt uns nicht das Brot, das wir uns verdienen, indem wir euch unterhalten, und riskiert nicht, daß ihr morgen weniger Fernsehen habt, als wir euch heute geben«.

Vulgäre Reaktion? Verhalten von Fernsehsüchtigen? Oder auch Anzeichen dafür, daß die Bürger wollen, daß man sich auch um die Qualität ihres privaten Lebens kümmert (wobei sie sich allenfalls über den Begriff der Qualität täuschen)? Im übrigen habe auch ich, und zwar genau an jenem selben Abend, das Fernsehen als einen magischen Kasten benutzt. Da ich die Nachricht, die mich interessierte, bekommen hatte und mich die allzu vielen Debatten, die sich über sie anschlossen, langweilten, sah ich mich in anderen Kanälen um und stieß auf das Dritte Programm der RAI, wo Roman Vlad gerade des verstorbenen Arturo Benedetti Michelangeli gedachte. Er erklärte, wie Michelangeli Chopins Ballade Nr. 1 g-Moll spielte, führte einzelne Abschnitte vor und kommentierte sie, zeigte, worin sich Michelangelis Interpretation von der eines mittelmäßigen Pianisten unterschied – und schon diese wenigen Ausschnitte versetzten mich zurück in die Zeit, in der ich, sechzehnjährig, von Chopin verzaubert war. Danach kam eine alte Schwarzweiß-Aufzeichnung von einer Darbietung der Ballade durch Michelangeli, und ich verlor mich in Chopin.

Während Italien über die Ergebnisse des Referendums diskutierte, ließ ich mich von der absoluten Vollendung jener Ballade ergreifen. Ich nahm an einem Ritus der Schönheit teil, während mein Land einer Täuschung zum Opfer fiel. Und doch erschienen mir alle Vulgaritäten, die mich in den Tagen zuvor geärgert hatten, ja das Fernsehen selbst als Vehikel der Roheit, gleichsam erlöst: Durchs Fernsehen (ich weiß nicht, ob im Kontakt mit dem Absoluten oder mit der Erinnerung, aber die beiden Instanzen fallen ja bekanntlich oft zusammen – wer war's doch gleich, der sich schmachtend nach einem kleinen Motiv von Vinteuil verzehrte?) zog ich mich in jenen Bereich zurück, in dem das Private und das Allgemeine sich oft gefährlich vermischen.

Widersprach das nicht allem, was uns beigebracht worden war – sowohl der Pflicht, sich die Hände schmutzig zu machen im Kampf für unsere Überzeugungen, wie der Notwendigkeit, für eine bessere Welt auf dieser Erde zu kämpfen, wie auch dem Verbot, ein Gespräch über Bäume zu führen, wenn es ein Schweigen über so viel Leiden einschließt? War ich im Begriff, alle meine moralischen Prinzipien wegen Chopin aufzugeben?

So kam es, daß ich mich fragte, ob es in der steigenden Flut von Vulgarität nicht ab und zu eine »politische« Tat sein könnte, auch die Rechte der Schönheit zu verteidigen. Im Wissen, daß sie auf lange Sicht ohnehin siegen wird.

Vielleicht müssen wir auch dafür kämpfen, die Rechte einer umfassenden Erziehung zu verteidigen, welche die alten Griechen *Paideia* nannten. Vielleicht müssen wir den anderen *in positivo* eine Welt vorschlagen, in der jeder das Recht auf seine eigene Privatheit hat, aber auf eine durch Erziehung geformte, geadelte, noble Privatheit. Und vielleicht müssen wir ihnen zeigen, daß es diese Welt wirklich gibt und daß sie auch auf dem Fernsehbildschirm leben kann. Es wird sicher ein langer und schwieriger Kampf sein, der in den Schulen, in den Stadtvierteln, auf den Straßen und Plätzen durchgekämpft werden muß, mit der Härte – um es mal so zu sagen – der Marxisten-Leninisten vergangener Zeiten (oder derer, die sich heute für Derrick schlagen). Chopin contra Derrick? Lohnt es sich am Ende, noch einmal das Unmögliche zu verlangen?

1995

Wie man sich heiter auf den Tod vorbereiten kann

Ich bin mir nicht sicher, ob ich damit etwas Originelles sage, aber eines der größten Probleme des menschlichen Daseins ist, wie man sich auf den Tod vorbereitet. Ein schwieriges Problem für die Nichtgläubigen (wie begegne ich dem absoluten Nichts, das uns nach dem Tod erwartet?), aber den Statistiken zufolge treibt es auch viele Gläubige um, die überzeugt sind, daß es ein Leben nach dem Tod gibt, und die gleichwohl das Leben vor dem Tod so angenehm finden, daß sie es nur ungern verlassen; weshalb sie sich zwar danach sehnen, in den Chor der Engel aufgenommen zu werden, aber erst möglichst spät.

Ich denke, es liegt auf der Hand, daß ich hier das Problem anspreche, was es bedeutet, »zum Tode« zu leben oder auch nur anzuerkennen, daß alle Menschen sterblich sind. Die Antwort scheint leicht zu sein, solange sie Sokrates betrifft, aber sie wird schwierig, sobald wir selbst betroffen sind. Und am schwierigsten wird der Moment sein, in dem wir uns klarmachen, daß wir für einen Augenblick noch da sind und einen Augenblick später nicht mehr dasein werden.

Ein nachdenklicher Schüler (ein gewisser Kriton) fragte mich kürzlich: »Meister, wie kann man sich gut auf den Tod vorbereiten?« Ich antwortete ihm, daß die einzige Art und Weise, gefaßt dem Tod entgegenzugehen, darin bestehe, sich zu überzeugen, daß alle anderen Trottel und Blödmänner sind.

Auf sein Erstaunen erklärte ich ihm, was ich meine.

»Schau«, sagte ich, »wie kannst du dem Tod entgegengehen, selbst als Gläubiger, wenn du denkst, daß im Moment deines Todes höchst begehrenswerte junge Leute beiderlei Geschlechts gerade in Diskotheken tanzen und sich über die Maßen amüsieren, daß erleuchtete Wissenschaftler die letzten Geheimnisse des Kosmos ergründen, daß unbestechliche Politiker im Begriff sind, eine bessere Gesellschaft zu errichten, daß Zeitungen und Fernsehstationen bestrebt sind, nur relevante Nachrichten zu bringen, daß verantwortliche Unternehmer sorgsam darauf achten, mit ihren Produkten nicht die Umwelt zu verschmutzen, und es sich angelegen sein lassen, eine Natur wiederherzustellen, die gemacht ist aus klaren Bächen, bewaldeten Hängen, reinen und heiteren Himmeln im Schutze vorsorglichen Ozons und weichen Wolken, die wieder sauberen Regen spenden? Der Gedanke, daß du davonmußt, während all diese herrlichen Dinge geschehen, wäre doch unerträglich.

Versuche nun aber einmal zu denken, du hättest in dem Moment, in welchem du bemerkst, daß du dich anschickst, dieses Jammertal zu verlassen, die unerschütterliche Gewißheit, daß die Welt (fünf Milliarden Menschen) voller Trottel und Blödmänner ist, daß es Trottel sind, die in der Disko tanzen, Blödmänner die Wissenschaftler, die glauben, die Rätsel des Kosmos gelöst zu haben, Trottel und Blödmänner die Politiker, die das Allheilmittel für unsere sämtlichen Übel verkünden, Trottel und Blödmänner die Schreiberlinge, die Seiten um Seiten mit fadem Allerweltsgeschwätz füllen, Trottel und Blödmänner die selbstmörderischen Produzenten, die den Planeten zerstören. Wärst du in jenem Moment nicht glücklich, erleichtert und zufrieden, diese Welt voller Trottel und Blödmänner zu verlassen?«

Darauf fragte mich Kriton: »Aber wann, Meister, muß ich anfangen, so zu denken?« Ich antwortete ihm, damit dürfe man nicht zu früh anfangen, denn einer, der mit zwanzig oder auch mit dreißig denkt, daß alle anderen Blödmänner sind, ist ein Blödmann und wird es niemals zur höheren Weisheit bringen. Man muß zunächst denken, daß alle anderen besser sind als man selbst, dann muß man sich langsam entwickeln, die ersten schwachen Zweifel muß man gegen vierzig haben, das Umdenken zwischen fünfzig und sechzig beginnen und zur Gewißheit gelangen, während man auf die Hundert zugeht, immer bereit, das Konto ausgeglichen zu schließen, sobald das Telegramm mit der Einberufung kommt.

Sich davon zu überzeugen, daß alle anderen, die uns umgeben (fünf Milliarden), Trottel und Blödmänner sind, ist das Ergebnis einer feinen und weitsichtigen Kunst, es steht nicht zur Disposition des erstbesten Ladenschwengels mit Ring am Ohr (oder in der Nase). Es erfordert fleißiges Studium und Geduld. Man darf es nicht überstürzt herbeizwingen, man muß es sachte erreichen, genau zur rechten Zeit, um in Heiterkeit zu sterben. Am Tag davor muß man noch denken, daß irgendwer, den man liebt und bewundert, nun gerade kein Blödmann ist. Die wahre Weisheit besteht darin, genau im richtigen Augenblick (nicht vorher) anzuerkennen, daß auch er ein Trottel ist.* Erst dann kann man sterben.

»Infolgedessen«, schloß ich, »besteht die große Kunst darin, Schritt für Schritt das allgemeine Denken zu analysieren, die Wechsel der Moden zu beobachten, Tag für Tag die Massenmedien zu sichten, die Erklärungen der selbst-

* Aus Gründen der politischen Korrektheit sei angemerkt, daß der letzte Trottel auch eine *sie* sein kann.

sicheren Künstler, die Sprüche der abgehobenen Politiker, die Philosopheme der apokalyptischen Kritiker, die Aphorismen der charismatischen Helden zu verfolgen, die Theorien, die Vorschläge, die Appelle, die Bilder, die Erscheinungen zu studieren. Erst dann, ganz am Ende, wirst du die überwältigende Offenbarung haben, daß alle anderen Blödmänner sind. An diesem Punkt wirst du bereit sein, dem Tod zu begegnen.

Aber bis zum Ende wirst du dich gegen diese unerträgliche Offenbarung wehren müssen, wirst dich darauf versteifen müssen zu denken, daß irgend jemand *doch noch* vernünftige Dinge sagt, daß ein bestimmtes Buch besser als andere ist, daß ein bestimmter Volkstribun wirklich das Gemeinwohl im Sinn hat. Es ist ganz natürlich, es ist menschlich, es ist das Kennzeichen unserer Spezies, sich gegen die Überzeugung zu wehren, daß alle anderen unterschieds- und ausnahmslos Trottel sind, wozu lohnte es sich sonst zu leben? Doch wenn du es ganz am Ende weißt, dann wirst du begriffen haben, wozu es sich lohnt (ja, mehr noch, warum es großartig ist) zu sterben.«

Da sagte Kriton zu mir: »Meister, ich möchte keine vorschnellen Schlüsse ziehen, aber ich habe den Verdacht, daß Sie ein Blödmann sind.«

»Siehst du«, erwiderte ich, »du bist schon auf dem richtigen Weg.«

1997

Inhalt

III. Erhabener Spiegel
der wahren Sprüche
Verhaltens- und Redeweisen, Manien und Moden

IV. Obwohl das Reden vergeblich ist
Polemiken, Divertissements und gute Vorsätze